AIGC的未来

探索前景与市场机会

陈雪涛　张子烨◎著

THE FUTURE OF AIGC

Exploring Prospects and Marketing Opportunities

中国经济出版社
CHINA ECONOMIC PUBLISHING HOUSE
北 京

图书在版编目（CIP）数据

AIGC的未来：探索前景与市场机会 / 陈雪涛，张子烨著. --北京：中国经济出版社，2023.7

ISBN 978-7-5136-7293-1

Ⅰ. ①A… Ⅱ. ①陈… ②张… Ⅲ. ①人工智能－产业发展－研究－中国 Ⅳ. ①F492

中国国家版本馆CIP数据核字（2023）第073334号

责任编辑 张梦初 高 鑫
责任印制 马小宾
封面设计 久品轩

出版发行 中国经济出版社
印 刷 者 北京富泰印刷有限责任公司
经 销 者 各地新华书店
开 本 710mm × 1000mm 1/16
印 张 19.75
字 数 185千字
版 次 2023年7月第1版
印 次 2023年7月第1次
定 价 69.00元
广告经营许可证 京西工商广字第8179号

中国经济出版社 **网址** www.economyph.com **社址** 北京市东城区安定门外大街58号 **邮编** 100011
本版图书如存在印装质量问题，请与本社销售中心联系调换（联系电话：010-57512564）

—自　序—

在多年的企业管理和投资生涯中，由于深入接触各行各业，也引发我产生了各种不同的思考。自ChatGPT大火以来，我也在思考一些问题：人工智能到底能够走多远？它将给社会带来哪些方面的改变？从自身经历和专业的角度出发，我开始从技术、历史、商业等各个维度深入学习，不仅是ChatGPT，也包括AIGC技术体系和整个产业。我想，是时候写下这本书了，将我对AIGC产业价值的理解和洞察分享给大家。

在互联网时代，信息的快速传递和分享拉近了大众的距离，人与人的交流与沟通变得更加方便，地理和时间也不再是问题。在智能时代，所有的事物都在不知不觉中发生改变，“所有产业都可以用互联网来做一遍”的道理对于人工智能也是适用的，因此我们应当积极主动地拥抱它、学习它、了解它。

在人工智能领域，我看到了AIGC如何将技术真正落地服务大众，如何形成健康的商业运作方式，如何形成完善的产业链并不断升级优化，我意识到，只有深入理解AIGC的产业价值，我们才能真正掌握未来的方向。因此，我希望读者通过此书来分享我对AIGC及其产业价值的深度理解和思考。

AIGC不仅是一种生产力工具，更是一场以科技为核心的革命。它正在改变各行各业的运作方式，促使我们重新审视传统的产业模式。然而，要真正理解AIGC，我们需要深入探索其在产业中创造的价值。正因如此，我写下这本书，希望它能为大家打开一扇门，带领我们一同走向新的时代。

这本书阐述了我对AIGC的思考，其中包含的其实是我基于多年从业经验对产业的理解。科技是有力量的，它改变着我们周遭的一切，所以需要严谨的态度和专业的职业精神。因此本书系统地探讨了AIGC的过去、现在、未来，思考它对传统产业、现有产业的影响，挖掘它可能产生的新兴产业，也希望这些思考能给读者带来一些启发。

科技也是有人文精神的，它必须着眼于人的真正需求、解决人的问题，才能从根本上推动社会的进步。因此，在书中，我列出了很多真实的案例。人工智能虽然是人“造就”的智能，但它也是有温度的，甚至在不少人的想象中会产生自主意识和拥有价值判断能力，可以说，人工智能既是我们正在触及的高新技术，也是我们的星辰大海，还是我们天马行空的想象和不断求索的好奇心。我希望这本书既是理性的，也是感性的；既是思考的呈现，也是感受的表达。

我希望本书不仅能帮助你理解AIGC，更能启发你对未来的想象。无论你是科技爱好者，还是投资人，抑或是创业者，我相信你都能在这本书中找到自己的答案。

张子烨

2023年5月

一前　言一

人类的历史就是一场认知革命。从茹毛饮血的时代到如今上天入海、无所不能，从万事亲力亲为到工具、机器人逐步降低劳动强度，科技的进步书写了历史的篇章。我们多少次被技术的火光照亮前行的路，我们多少次在技术发展和社会管理当中挣扎前行。

2022年底，一波热潮席卷了全球，ChatGPT让AIGC的讨论度到达了顶峰。人们被ChatGPT的强大功能所震撼。事实上，从图灵时代开始，我们已经在考虑机器是否能替代人类的问题，计算机和通信技术的发展也为人工智能的落地做了深远的铺垫。但这一次，一切都不一样了，我们真正意识到身处巨大的变革当中。未来已来，让我们共同走进人工智能的世界，探索新的知识与愿景。

在此背景下，本书应运而生，旨在以一个新的视角——产业价值为读者提供指引。任何技术的发展和成熟都需要在产业中挖掘价值，AIGC也不例外，那么生成式AI的产业价值如何体现呢？

除了技术本身，还包括应用场景和商业模式，也就是如何将技术真正落地以服务大众，如何形成健康的商业运作模式，如何形成完善的产业链并不断地升级优化。我们只有深入了解这些产业价值，才能知晓如何面对新时代。

本书共分三篇，第一篇是人工智能和AIGC，我们将了解人类是如何走进人工智能新时代的。第一章讲述了人工智能和AIGC概况，第二章详细分析了ChatGPT，帮助读者具体了解AIGC实际案例，第三章分析了AIGC目前面临的挑战，帮助读者客观看待目前的发展态势。

第二篇是全书的主体，以商业视角着重分析了AIGC的产业价值与关键领域的应用。第四章深入分析了AIGC产业发展的原因，帮助大家理解为什么AI技术能够从理论发展到现在。第五章以现在的应用场景为出发点，结合丰富的案例，展现了AIGC的实际作用。第六章从传统产业的角度出发，结合科技发展思想史的方法论，讲述AIGC如何促进传统产业转型升级。第七章从现有产业升级的角度，分析AIGC的赋能作用。第八章讲述AIGC在发展过程中对基础产业的带动作用。第九章讲述AIGC如何赋能新兴产业。第十章从创业和投资的角度分析AIGC的产业价值。

第三篇是对AIGC未来的展望。第十一章从科技、产业和人文的角度，分析AIGC带来的影响和人工智能整体的走向。第十二章从现实出发，分析未来AIGC将面临的社会挑战。

整本书将“产业价值”贯穿其中，结合科技、人文、投资、创业、企业战略管理等多个要素，从过去、现在和未来等时间维度分析AIGC的作用，并以大量案例引发思考，是一本综合性较强的读物。

—目 录—

第一篇　人工智能和AIGC

第一篇
人工智能和AIGC

— 第一章 —

人工智能和AIGC概况

1492与人类的星辰大海

当历史的时钟拨回到五百多年前的1492年，哥伦布在经过多年的筹备后，终于开启了他心心念念的航行。这次航行，既是旅程，又是冒险，更是人类历史的新篇章，恐怕哥伦布自己一开始也不清楚，地理大发现时代在悄然降临。

五百多年后的今天，人类再次站在了命运的十字路口，眺望前方。但是不同往昔，今天的我们拥有更加先进的技术：通信网络让信息快速传递，我们能够足不出户便知天下事；发达的交通让物理距离不再是难题，我们可以乘坐飞机前往大洋彼岸；信息的爆炸和公共知识的传播让我们不断扩展人类的能力边界，终身学习和自我提升成为这个时代的重要议题。

只是，当前沿技术降临的时候，我们是否做好了准备？2022年席卷全球的ChatGPT，带给人们的不仅仅是一个人工智能聊天工具，或是用于辅助写文稿、写代码的办公小工具，这一热潮带来的是对人工智能的思考：现在我们是否再次经历着1492年的新篇章？人类历史长河的厚重故事，将如何继续？

1492年开启的大航海时代，让我们心里有了新大陆的概念，之后航海技术的进一步发展，不同国家贸易、文化、经济交流更加紧密，全球化在改变人类的命运。五百多年来，技术的进步极大地提高了历史生产力。此后，生产关系的变化，让全球社会经济结构发生系统性的改变。在这个过程中，各路英雄在历史舞台上“你方唱罢我登场”，多少跌宕起伏、悲欢离合的故事不断发生。这就是技术带来的变革。

到了智能时代，科学技术依然如同汽车的引擎，推动着人类前行。但这一次，恐怕和以往都不一样。20世纪50年代，计算机科学之父艾伦·图灵开始考虑一个问题“机器是否能思考”，而七十年后的今天，普通网友都在讨论“人工智能是否能取代人类”“人工智能是否会产生新的社会问题”。这就是技术的力量，当世界发展格局改变的时候，我们每个人都身处其中，被技术的进步推着向前，而我们每个人本身也是历史的创造者和书写者。

在人工智能时代，引领我们前行的不再是哥伦布这样的领航人或开创者，而是我们自己。我们每天产生的数据成为大模型训练的“养料”，让人工智能不断吸收并进化，从而变得更加聪明；深度学习技术不仅让机器具备学习能力，而且学习和进步的速度也在不断提升——这是最让人激动又担心的地方。我们开始思考人工智能的应用场景和技术边界，一方面我们在探索人工智能在哪些领域能够更好地应用，以此创造更多的经济社会价值，让日常生活和工业生产变得更加方便；另一方面我们也担心人工智能过于聪明，是否会替代一部分现有工作岗位，是否会产生思维冲突甚至伦理问题。

就像1492年开启的航海时代的探索一样，这一次，我们向人工智能带来的新领域出发。

计算机和互联网

计算机发展之路

人类历史上所有新技术的诞生都不是一蹴而就的，它是长期生产实践和总结客观规律的必然结果。第一次工业革命时期，新技术的产生往往靠工匠和手艺人在长期劳动中的实践，而到了第二次工业革命时期，技术的进步就开始与科学结合起来了。自然科学，作为人类思维的结晶，是历史长河中对客观事物规律的观察、总结、研究，并且进行抽象化的概括和描述，形成了系统化的集合。这种研究、概括、总结形成体系的能力，是人类作为智慧生物的独特优势。

计算机的出现，就是人们基于自身对计算的需求，在数学、逻辑等方面长期探索的结果。1822年6月14日，英国数学家查尔斯·巴贝奇发布了名为《论机械在天文及数学用表计算中的应用》的论文，提出了“差分机”的概念。查尔斯·巴贝奇的差分机也并没有成功，但用机械来进行数学计算的思想却对后世产生了深远影响。1843年瑞典发明家佩尔·乔治·舒茨（Per Georg Scheutz）在此基础上，成功制作了一台支持5位数、3次差分的差分机，之后又制成了两台支持15位数、4次差分的机器。之后，多国科学家都成功制作出了差分机。

1936年图灵发布了著名的论文《论可计算数及其在判定问题上的应用》，提出了著名的“图灵机”设想。图灵机的思想为后世计算机语言和逻辑奠定了基础，因为它模拟人类手写输入的计算过程，厘清了哪些问题能够通过计算机来解决。通过一台图灵机，将另一台图灵机的编码输入的过程，类似于如今的计算机编程语言，因此图灵机是现代计算机的理论原型。

1946年冯·诺依曼发布了《关于计算机逻辑设计的报告》，提出了“冯·诺依曼架构”。他的理论首先提出了二进制的思想，大大提高了计算机的运算速度；其次囊括了计算机的五大组成部分，即运算器、控制器、存储器、输入设备和输出设备，为计算机的制造奠定了明确的框架。另外冯·诺依曼架构提出计算机的运作逻辑：存储器的作用类似于一个仓库，计算机的程序、数据和指令序列存放在里面，当计算机工作时，便从中迅速提取、分析和使用。

冯·诺依曼架构为计算机科学的发展带来深远的影响。首先在计算机设计和开发方面，冯·诺依曼架构提供一种通用的范式；其次为编程语言和编译器的发展提供了思路，将程序和数据储存在同一个内存中，让程序也可以得以处理。后来在冯·诺依曼架构的基础上，其他计算机架构也慢慢出现，比如向量计算机、并行计算机和分布式计算机等。从学科和理论发展的角度看，冯·诺依曼架构也推动了计算机科学和算法的发展。冯·诺依曼的贡献，不仅在于提供了一种新的方法论，更在于对计算机的整体逻辑进行了系统性的思考，让计算机技术之“术”，变成了一种思维方式。

从整体上来看，现代计算机的发展历程可以简单划分为五个阶段：第一阶段是1940年之前的机械计算机时代，以上文我们提到的巴贝奇的差分机为代表，这是一种简短的、原始的数字计算；第二阶段是20世纪40—60年代的电子计算机时代，这一时期出现了以电子管和晶体管为基础的电子计算机，其计算能力得到了一定程度的提升；第三阶段是20世纪70—90年代，集成电路技术带来了新的计算机形式，个人PC诞生并且有了一定的商业化态势；20世纪90年代后，互联网经过了一定探索期，进入了商业化时代，此时计算机进入了第四阶段，即网络计算机时代，以互联网通信功能为核心，计算机的应用快速扩展，并加速了计算机整体的商业化；到21世纪后，由于通信技术的进一步提升和网络的普及，带来了更多元化的需求，计算机不再只是电脑，更多的移动设备开始出现，由此计算机进入了移动时代。

现代计算机的发展历程，代表着人类从工业时代向信息时代迈进，这一过程是颠覆性的，同以往的工业革命完全不同，如果我们从更加宏观的维度去思考，就能够深刻地理解这一点。纵观科学技术发展史，人类一开始使用火种、工具，学会耕种和养殖，是为了适应自然环境。随着生产力的提升，人类的组织形态发生了改变，村落、城镇慢慢出现，新的问题和需求出现，于是更多的适应当时社会经济条件的技术产生。因此，技术实际上是新需求推动的新发展。在计算机发明之前的技术，往往出自于生存型的需求，其应用场景也具备看得见、摸得着的实物，而计算机的诞生代表的是人们更加抽象的需求：让机器参与人的思维过程，处理更加高维度的需求。

实际上，早在1950年，图灵就开始思考“机器能否思考”的问题，并且对“机器”和“思考”分别进行了定义。人工智能也在计算机诞生的早期就已经萌芽，只是受技术水平的限制，当时还无法进行更加深入的研究，因为在人工智能正式进入发展快车道之前，人们对计算机的使用需要解决一个更加明确的问题——通信，也就是将一个个单独的计算机连成网络，让它们彼此之间能够沟通、交流，让信息能够在彼此之间顺利的传递。这就是互联网诞生的基因。

互联网：计算机发展新生命

1969年10月29日阿帕网（arpaNET）的诞生，标志着人类对计算机的认识和使用到了另一个新阶段——互联网时代。阿帕网可以看成是互联网的原型。20世纪60年代，在对计算机科学已经有一定研究的基础上，科学家们提出了分组交换网络的概念，即将数据分成不同的数据包，并通过网络节点进行传输，这成为阿帕网研发的核心思路。1969年，阿帕网的四个节点分别在加利福尼亚大学洛杉矶分校（UCLA）、加利福尼亚大学圣芭芭拉分校（UCSB）、斯坦福研究所（SRI）和犹他大学（University of Utah）成立，标志着全球首个分布式计算机网络诞生。两年后，计算机工程师雷·汤姆林森以阿帕网为基础开发测试程序时，想到在不同计算机之间发送信息，于是创建了以@符号为格式的地址，并成功将"QWERTYUIOP"发送了出去。世界上第一封电子邮件就此诞生，世界的联系从此更加紧密。

到了20世纪80年代，人们对计算机网络信息传输的认识更加深入，计算机网络传输协议的概念从而诞生。简单来说，在最早的计算机时代，每个公司生产的机器都不同，彼此之间信息不能互通，而当网络传输协议诞生后，不同计算机之间的交流规则和逻辑得到定义，只要支持同一种交流规则的计算机，就能够实现沟通。比如TCP/IP协议，全称为Transmission Control Protocol/Internet Protocol，传输控制协议/互联协议。该协议分为四层：网络访问层、网际互联层（主机到主机）、传输层和应用层，每一层与下一层互相配合，以完成传输任务。TCP为数据的传输过程提供检测和保障，一旦发现问题就重新传输，而IP是计算机联网时分配的地址，就好像邮递员要将信件送达，需要一个准确无误的地址。

计算机网络传输协议的诞生，在计算机和互联网发展史上留下了浓墨重彩的一笔，因为它不仅实现了不同计算机之间的沟通，同时能够保证数据在传输过程中不会丢失。计算机网络传输协议不仅仅包括TCP/IP协议，还有HTTP协议、SMTP协议、FTP协议、DNS协议等。通过这些协议，互联网实现了更多功能的应用，例如Web浏览器、电子邮件、文件传输、远程登录、实时通信、数据库管理等。

20世纪80年代，互联网虽然已经诞生，但是并没有完全商业化，也没有足够的应用场景。而到了90年代，互联网进入百花齐放时期。1989年3月，科学家蒂姆·伯纳斯·李（Tim Berners-Lee）开发出了世界上第一台Web服务器和第一台Web客户机，后来命名为万维网，也就是我们熟知的WWW，并于1991年正式推出。互联网开始逐步走入商业世界和大众视野。

这一时期，互联网开始商业化，社会大众的需求被激发，更多互联网服务和业态产生，形成了互相促进的良性循环。20世纪90年代诞生了许多全球性的互联网公司，比如美国的亚马逊、谷歌、Yahoo！、Paypal，中国的腾讯、百度、阿里巴巴等。Jerry

Yang和David Filo创建的雅虎（Yahoo！）曾经是全球第一门户网站。门户网站在当年是全新的互联网形态，人们可以在一个网址上找到各类综合性信息和功能，包括搜索引擎、邮件、新闻、各类分类信息等。门户网站的出现，展现出了互联网世界信息爆炸的趋势。

而90年代互联网行业中另一标志性事件，则是1995年8月9日网景公司成功IPO，其股价由开盘时的28美元，在一分钟以内上升到了70美元，最终收盘于56美元。当年《华尔街日报》评价说，通用公司以43年时间的发展，使其市值达到了27亿美元，而网景只花了1分钟。1997年，微软以4亿美元收购了Hotmail，彼时这家年轻的公司成立不足2年，规模只有26名员工。互联网让以往不可能发生的事情，全部变成了可能。

互联网的发展历程，是人们对计算机探索和应用的进一步升级，也是计算机发展了30年之后一次明确的转型升级，社会的信息化趋势已经势不可当。21世纪初，互联网泡沫事件发生，盲目的投资和不理性的资本涌入造就了高涨的股价，市场上泡沫被越吹越大。2000年3月10日纳斯达克指数创下了历史新高，此后却开始狂跌，这让爆炸式发展的互联网行业进入了至暗时刻。不过在大浪淘沙后，互联网公司、投资者等都对互联网进行了新的反思：互联网到底给我们带来了什么？

事实上，互联网在经过商业化的浪潮之后，已经不仅是将计算机连接起来、实现沟通的一种工具和方式了，它开始以一种更加深刻的方式渗入社会的各个角落，以新的方式提升生产力和改造生产关系。尤其是2009年之后，智能手机的快速发展将互联网时代推向了移动互联网阶段，在需求端更加便携的网络设备让互联网变得更加日常化、碎片化，而在供给端，更多元的需求造就了各类网络服务应用和全新业态。这个阶段主要呈现出以下几个特点：

第一，社会整体的信息沟通效率提升，成本降低。互联网时代，实时通信技术普及、资费降低、速度变快、通信更加稳定，各个领域的通信能力全面提升。同时，信息的传播模式和信息的内容也发生了根本性的改变。90年代的门户网站起着信息展示和传递的作用，搜索引擎算法的优化让人们从被动接收信息变成主动寻找信息。社交网络和视频平台的诞生，让网民的角色进一步升级为内容的生产者和创造者。

第二，互联网开始与传统行业相结合，并对其进行改造和升级，新的商业模式和业态产生。比如传统的商贸与互联网结合，形成了电子商务，人们只需要在网上选择商品和下订单，物流就会进行配送。商业的本质并没有改变，依旧是货币和商品的价值交换，但互联网平台改造了这个流程，简化了前端选购的部分，提高了整体效率。同时线下的物流和供应链环节，也随着电子商务的发展需求进行了提升和改造。在这个过程中，互联网不仅仅是平台工具，更是生产力改造方式。

第三，人们对互联网依赖程度极大提升，互联网已经开始成为社会的基础设施。在日常生活层面，互联网和人们的衣食住行紧紧结合在一起，部分生活服务几乎都可以通过手机客户端解决。而在更加基础的生产端，工业互联网在深度改造工业生产和管理流程，通过设备、传感器、生产设施等工业设备之间的互联互通，实现了更高效的生产。比如智能制造等，以互联网为底层技术，将硬件联系和协同起来，实现自动化、柔性化和智能化的生产，让生产和销售的对接更加精准。

第四，围绕互联网应用和服务，新需求推动新的细分产业、新的职业诞生。比如网络安全行业，在互联网产业规模扩大之后，网络数据和信息的安全成了刚性需求，包括网络安全的标准、策略，信息保护的手段、机制，网络风险的防范化解和预测以及围绕其产生的法律法规，已经上升到社会治理的一部分。而职业层面，程序员、网络工程师等相关职业需求不断提升，尽管这些职业的诞生可以追溯到计算机和互联网早期，但随着互联网的快速发展，对这些技术性人才的需求与日俱增。相对应地，学校和社会对于这些人才的培养体系也发生了变化，这就是互联网推动社会变革的具体体现。

在互联网时代，信息的传播和社会的变化越来越快，而在这个过程中，互联网本身也在不断变化，这就好像汽车刚刚制造出来时，虽然能够提升出行效率，但昂贵的价格让汽车的受众面非常有限。而当汽车工厂实现流水线作业，极大降低汽车制造成本之后，汽车开始走向普罗大众。它代替了马车成为一种普通交通工具，同时在后续的发展中衍生了汽车修理维护、二手汽车买卖等行业。这就是技术应用和普世化发展的必经之路。

当互联网走入寻常百姓家后，我们开始有了新的思考和期待：互联网和计算机能否变得更加先进？能否帮助我们解决更多问题？在此背景之下，人们思考已久问题的答案开始浮出水面——人工智能。

人工智能觉醒

思考的过程，能否由机器参与?

人类对人工智能的探索并不是独立于对计算机和互联网的研究，相反，这三者的发展存在一个并行的过程，三者之间相互促进、相辅相成。

人工智能的萌芽可以追溯到20世纪40年代，心理学家沃伦·麦卡洛克和沃尔特·皮茨首次提出人工神经元模型的概念，代表神经元接收和处理信息的机制，他们的理论奠定了神经网络基础。

而最为人所知的是图灵于1950年发表的论文《计算机器与智能》(*Computing Machinary and Intelligence*)，对“机器能否思考”这个问题进行的阐述。文章对查尔斯·巴贝奇的差分机的理念进行了分析比较，认为巴贝奇的计算机理念属于机械式计算，而机器要代替人类必须要有电子计算机。图灵由此引入了电子计算机的概念，并将其分为三个部分：储存部分、执行单位和控制。在这篇论文中，图灵前瞻性地提出了“机器学习”（machines learning）的概念，这一理念在20世纪80年代得以延伸落地。

1956年美国科学家约翰·麦卡锡组织了达特茅斯会议，会议提出了“人工智能”的概念，至此AI正式走上历史舞台。此后AI技术发展进入了一个快车道，完全信息的对抗、机器定理证明和问题求解、模式识别、基于自然语言的人机对话等技术理念相继诞生。

世界上第一台具有一定对话能力的聊天机器人诞生于1966年，由麻省理工学院约瑟夫·维森鲍姆制作了一台名为“ELIZA”的机器人。ELIZA并不具备真正意义上的理解能力和分析能力，只是通过文本的拆解和重复，实现一定程度的“对话”，这和我们今天所谈的人机交互相距甚远。但对于人工智能的发展，这是一次重要的尝试，让人工智能以一种最直观、最具体的方式呈现出来，某种程度上也是图灵关于机器思考能力问题的延续，如果机器具备思考能力，那么它将如何体现出来呢？

20世纪60年代中叶，人工智能“专家系统”的概念被提出，它的核心方法论是模仿人类专家的知识和推理方式来进行决策。它包括两个部分——知识库和推理引擎，知识库是特定领域知识的合集，而推理引擎相当于它的思考模式。通过这种方式，能够对输入的内容进行分析、判断和解释。

80年代，人工智能的发展进入到了机器学习的阶段。美国计算机科学家汤姆·米歇尔在《机器学习》一书中对机器学习进行了定义：如果用变量P来衡量计算机程序在任务T当中的性能，该性能随着经验E的提升而增加，则称计算机程序从经验E中学习了任务T和衡量指标P，即学习过程Process<P，T，E>。这个时期，人们思考机器学习是什么以及它要做什么，这个过程可以划分为三个要素：模型、策略、算法。这三个要素对于人工智能整体都是至关重要的，模型是机器学习产出的函数，输入数据即得到结果，策略是学习的方式和最优选择的模型，算法是以历史数据为依托，寻找未知参数，形成最优解的模型。

经历了一段时间的发展后，人工智能从学术和技术角度逐步有了清晰的脉络，建立了相对清晰的技术和理论体系，包括深度学习、自然语言处理、计算机视觉、数据挖掘等。总体的思路就是让人工智能具备一些类人类的能力，比如视觉能力，人工智能能够“看见”物理世界中的场景，实现人脸识别、图像识别等功能；再如听觉能力和理解人类自然语言的能力、将输入的语音转化为文字的能力等。

20世纪90年代之后，人工智能发展的速度加快，同时一些实际应用场景也让人工智能进入了大众视野，使人们更加直观和深刻地感受到技术的进步。1997年IBM的机器人深蓝（Deep

Blue）战胜了国际象棋冠军加里·卡斯帕罗夫。在深蓝的设计方案中，这是一个由两个2米高的立式机箱、500多个处理器和216个加速芯片组成的机器，能够预测对方棋手的基本走位和评估可能的结果，其能力可达每秒钟探索1亿种可能的棋位。虽然深蓝在赛后即退役，但这一事件第一次引发了普罗大众对人工智能的认知热潮。在后来的发展历程中，人工智能击败人类的戏份再次上演。比如，2016年谷歌的AlphaGo计算机程序在围棋比赛中击败了世界冠军李世石，2018年OpenAI的计算机程序OpenAI Five在Dota 2比赛中击败了人类顶尖玩家，并且平均天梯分数超过4200分。

2001年后的人工智能发展，呈现出全新的特点，这一时期互联网的快速发展带来了信息和数据量的指数级增长，从而为人工智能的快速发展提供了前所未有的良好条件。数据提供的信息就像植物生长所需的肥料，使其汲取养分后茁壮成长。那么，数据在人工智能的发展过程中扮演了什么样的角色呢？

当我们在谈论AIGC时，我们在说什么？

从认知层面来看，AIGC是一个更加整体和全面的概念，但从严格的学术意义来说，目前并没有统一的标准定义。目前国内学界的其中一种定义是，AIGC是一种以人工智能为技术手段的内容生产方式，区别于以往的专业生成内容（Professional Generated Content，PGC）和用户生成内容（User Generated Content，UGC）。中国信通院等发布的《人工智能生成内容（AIGC）白皮书》①，对AIGC概念进行了三个层面的理解：一是以内容生产者角度来看，其主体是人工智能；二是以内容生产方式来看，其创作方式由技术手段生成；三是以技术角度来看，AIGC是能够产生内容的技术的集合。实际上AIGC不是一个单一维度的概念，它具有技术性、过程性和整体性。

总体来说，AIGC是一种技术集合，利用生成对抗网络GAN和大型预训练模型等人工智能技术，通过分析现有数据的规律，并具备适当的泛化能力，从而生成相关内容的技术集合。

从人工智能的发展和创新沿革的角度来看，AIGC代表着人工智能的新角色、新身份，甚至是未来新的发展方向。从传统的技术发展角度来说，人工智能原本的角色与其他新鲜的前沿技术一样，是能够帮助人类解决问题、提高效率、降低成本的工具，属于辅助性的技术；但AIGC的产生和应用，让人工智能具备了以往各项技术都不具备的新能力——创造力。这和图灵七十多年前的问题“机器会思考吗”本质上殊途同归，因为当人工智能具备创造能力后，它就不再仅仅是辅助性的技术，它很可能产生更高

① 中国信息通信研究院，京东探索研究院．人工智能生成内容（AIGC）白皮书[EB/OL].https：//dsj.luohe.gov.cn/lhmenhu/85010cd6-6e4f-4247-af97-17793df992b9/77921362-c87c-4a5a-be89-860f97fdb698/P020220913580752910299.pdf.

层次的思考能力甚至思维能力。因此，很多人开始担心职业的替代性，甚至未来是否会产生科技伦理问题，我们在后面会进行深入探讨。但这些担忧至少说明AIGC以及它所代表的人工智能体系，正在朝全新的业态和趋势迈进。

从目前的应用和落地的角度来看，AIGC在文本、图像和音视频生成、多模态生成、策略生成和游戏等相关细分领域已经有了一定的落地应用场景，也具备一定的产业价值，主要表现在：

- **降低创作门槛和成本**：AIGC的广泛使用能够进一步降低创作门槛和成本，声音录制、图像、文本、视频生成等AIGC工具的广泛使用，能够让创作流程更加简化、成本进一步降低。
- **提高内容生产的多样化**：目前的内容生成效果，取决于从业人员的专业能力和知识水平。AIGC的使用能够让更多非传媒专业人士成为创作者，能够将他们更多元化的知识体系引入到内容生产当中，从而产生更加丰富的内容。
- **提高用户交互体验**：目前在内容消费方面，用户对于个性化及可互动的内容需求仍在提升，AIGC的进一步普及能够生成更多可交互内容，甚至融合产生更多线上线下一体化的内容，可极大地提高用户体验、满足用户需求。

以AI绘图为例，2022年一幅名为《太空歌剧院》的AI绘图作品在美国科罗拉多博览会艺术比赛上获得了“数字艺术/数字修饰照片”赛道的一等奖。该作品是由一款名为Midjourney的AI绘图软件生成，作者介绍说自己是通过文字输入作画要求，包括题材、场景、光线、色彩等，通过AI生成了900多幅作品，在其中选取一幅并进一步修改，配合Photoshop润色调整而最终成稿。《太空歌剧院》的获奖引发了热议，很多人赞叹于技术的发达，也有不少人认为艺术的价值不能用冰冷的机器衡量。

图1.1　AI绘画作品《太空歌剧院》

图片来源：https：//www.arts-in-the-city.com/2022/09/07/une-ia-secoue-le-monde-de-lart-en-remportant-un-concours/.

实际上，AI绘图是一个非常典型的AIGC实际案例。首先，它确实极大地降低了创作门槛。即使是毫无美术基础，也不会使用Photoshop或AI等相关软件的用户，也能够进行绘画创作，只需要用文字输入创意内容，并选择合适的风格加以调整，就能够生成插画，并且用户还具备自主选择的权利。其次，AI绘图能够实现即时生成，在输入后数秒即可完成绘画，极大地提高了作画效率，也降低了产出成本。

从技术的角度来说，AI绘图利用人工智能技术，将人类的自然语言的要求进行分析、拆解，以图像的形式输出，实现了人工智能真实的落地。在AI绘图应用刚刚问世的时候，不少人担心其绘画水平是否能够超越人类，但事实证明，在数据的不断“喂养”下，AI绘图已经具备了足够高的技术水平。从产业的角度来说，如果AI绘图技术能够达到相关行业要求，那么它可以在游戏、动漫、文创等领域进行大规模推广，帮助企业降低人力成本，提升产出内容的多元化水平。比如在游戏行业，目前来看，不涉及大规模动作或异常复杂的绘画已经可以交给AI绘图完成。

当然，仅就AI绘图这一具体应用而言，目前仍然存在一定的争议和疑问，主要包括：AI绘图的数据来源是否包括商用绘画作品，是否涉及知识产权问题？AI绘图的大规模应用是否为另一种形式的抄袭、模仿？它是真正带来了创意，还是另一种形式的模板？为此，我们将在后面的章节中详细探讨人工智能带来的管理问题和科技伦理问题，但是AI绘图的热议至少展示出人工智能具体应用的巨大潜力。

毫无疑问，随着未来技术的进一步优化，AIGC能够产出更多元化的内容，同时也会有更多新业态和模式出现。而当我们回顾AIGG一路走来的历程时，我们会发现，某种程度上AIGC代表着人工智能从弱人工智能向强人工智能发展的趋势，也代表未来技术的研发攻坚方向，就像互联网从PC端朝移动端发展一样，是人们需求的必然选择。

弱人工智能（Narrow AI）是以单一任务为核心的人工智能系统，它能够接收人类的指令，但只能完成单一任务。换句话说，它是模仿人类某部分的智慧来完成专项工作，而范围以外的事项它则无法完成。比如，AlphaGo能够在围棋上战胜人类，但它只会下围棋，做不了别的事情；一些自动回复的人工智能客服，可以根据关键词识别来安排实现设定好的回复，但无法处理更加复杂的客户需求；人工智能翻译，能够实现语言之间的转化，但更多的是基于文本字面意义的分析，而暂时无法实现文化层面的互通，这也是为什么专业类的文本翻译基本上已经非常准确了，但人工智能目前无法完全克服语义和文化层面上的转化问题。

强人工智能（General AI）则与人类的生物学智慧更加接近，它具备类似于人类的思维能力，能够进行更多元状况下的分析、判断、推理、思考和决策，并且能够自主学习。目前，从严格意义上来讲，并没有实际的强人工智能系统产生。2022年ChatGPT之所以能够引爆全球热点，除了技术本身的吸引力之外，人们也从ChatGPT身上看到了强人工智能的影子。ChatGPT和整个AIGC体系，实际上并非强人工智能，但它们代表了一种新的思考：人工智能从产出内容出发，未来是否能衍生出更强大的思考能力，甚至产生思维？当我们在谈论AIGC时，我们谈论的是人工智能的未来，甚至是人类科技体系的未来。

表1.1　强人工智能与弱人工智能的对比

类别	强人工智能	弱人工智能
智能水平	高	低
任务能力	可执行复杂任务	特定领域的特定任务
人类参与度	低，甚至可产生自主意识	高，需要人类提前规划
开发难度	高	相对容易

从AIGC发展历程的原始逻辑来看，机器对信息的认知需要三个阶段。第一阶段是观察外部环境和寻找规律的阶段。这个阶段，AI只能被动接收数据，其能力仅限于对已有的统计数据和结果进行分析，因此无法超越现有经验，更无法创造新的内容。第二阶段是干预外界环境的阶段，AI能够在一定程度上实现数据的创造，从而超越已有的经验，原理类似于将用户生成内容（UGC）的方法应用于内容规则制定，进而用于人工智能的内容生成。第三阶段的人工智能将具备反事实分析来寻找规律的能力，真正实现内容的自有创作。

从AIGC发展历程的时间节点来看，红杉资本的报告*Generative AI：A Creative New World*对AIGC的技术进行了阶段性的解析。第一阶段是2015年之前，以小模型作为绝对的技术核心，这些小模型在分析性任务方面表现出色，也被用于工作量预测或者欺诈分类等应用场景，但是其智能化水平远远没有达到帮助人们写代码的程度。第二阶段是2015—2021年，Google Research团队发布了一篇极具历史意义的论文*Attention is All You*

Need，提出了Transformer的架构逻辑。作为以自然语言理解为核心的神经网络架构，Transformer可以生成更高质量的语言模型，同时训练时间明显减少。随着训练量的增大，其水平也逐步提升。第三阶段是2022年之后，红杉资本认为此后的训练成本将进一步降低，而人工智能的研究团队也将着眼于更大模型的开发。第四阶段是在技术逐步成熟后，随着平台层基础的夯实，模型的成本降低、训练效率提升，以此为基础的应用将爆发式涌现。

尽管对于AIGC的未来，目前的研究和预测都不能看成标准答案，我们仍然需要在不断实践中看待技术更新的实际情况。但是我们可以从现有的实际应用出发，客观分析和观察人工智能的整体发展方向，其中最典型的例子，就是现在人人都在谈论的ChatGPT，我们在第二章中将详细探讨。

— 第二章 —

以ChatGPT为代表的AIGC新突破

ChatGPT概况

自2022年底开始，ChatGPT热潮席卷全球，从程序员、工程师到文员、插画师，大众对ChatGPT充满了兴趣和好奇，但也引发了有些人的担心，甚至埃隆·马斯克提出要暂停ChatGPT的训练。要知道，埃隆·马斯克可是ChatGPT的创造者OpenAI的创始人之一。由此可见，ChatGPT带来的不仅是技术变革和网络热度，更是社会大众对人工智能议题的兴趣、对未来人类科技发展边界的思考。

2023年2月，美国知名科幻杂志社*Clarkesworld*宣布停止收稿，原因是他们收到了大量由ChatGPT创作的小说作品。据该杂志社透露，虽然以往也会遇到抄袭等情况，但今年这样的情况格外明显，仅仅2月份他们就已经拉黑了500余人。另外，有部分国家和地区的大学已经明确规定不允许学生使用ChatGPT写作业、论文或写代码，因为此类人工智能工具可能会产生学术道德方面的问题。

关于人工智能伦理问题的担忧并非空穴来风，2022年底*Nature*就发表过一篇名为《护理教育中的开放人工智能平台：学术进步或滥用的工具？》的文章，提出了对人工智能工具在教育中滥用的担忧。关于人工智能带来的伦理和社会治理问题，我们将在后面的章节详细讨论，但是这些争议和讨论至少说明了一点：以ChatGPT为代表的人工智能内容生成工具已经离普罗大众很近了，它们已经开始在社会中扮演重要的角色并发挥其影响力。

ChatGPT究竟是何方神圣?

ChatGPT简单来说就是一个聊天机器人，是以GPT模型为基础开发出来的。ChatGPT刚火爆全球时，使用的模型是GPT-3.5，而随着训练水平的提升，现在使用的模型是GPT-4。当然，说ChatGPT是个“聊天机器人”不够准确，因为它以输入文字为主要操作方式，所以姑且称之为机器人，但实际上当ChatGPT与其他功能或平台相结合后，它将发挥更多作用。据悉，GPT-4已经具备理解图片的能力了，但是目前公众使用的版本中还没有出现此功能。

打开ChatGPT页面，用户会看见一个输入文字的对话框，然后在对话框中输入指令，点击回车，即可等待ChatGPT给予的反馈结果。用户输入的指令可以是想了解的话题，比如询问

ChatGPT哪里适合去旅游；也可以是程序性的动作，比如给出限定条件，要求它写一段代码，并且让它帮忙检查已有代码的问题；还可以是事务性的安排，比如给定出行的日期，请它帮忙参考行程或会议安排。

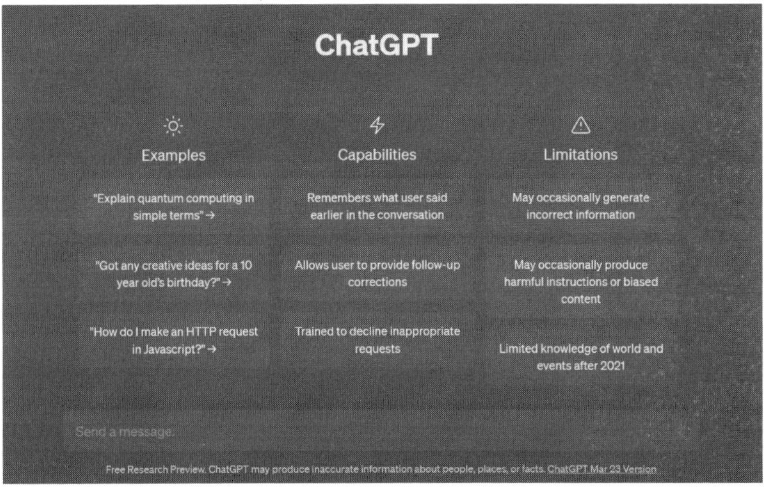

图2.1　ChatGPT登录功能主页面

具体来说，ChatGPT可以帮助人们解决的部分日常事务和工作任务包括：

- 文本编辑：给定限制条件或关键词、关键句提示，可以生成文本，并按照用户需求进行修改，比如邮件、备忘录、演讲稿等。在反馈结果的基础上，用户可以再次输入修改要求，ChatGPT会继续执行相关指令。

- 语言翻译：输入外语语段，可翻译成另一种语言。其支持的语言数量取决于模型的训练和开发，也就是说只要是已有相关语言的模型，它都能进行翻译工作。

- 信息搜索：用户输入关键词和内容，由ChatGPT给出资料。比起传统的搜索引擎，ChatGPT的搜索功能更加集约和高效，它不需要用户在大量搜索结果中自行筛选和点击，而是直接呈现结果，如果对于结果仍有需求，用户可以继续提出指令，ChatGPT可以进行进一步的精确搜索。比如可以帮助搜索新闻、学术或专业类型的知识等。

- 技术问题处理：能够根据客户指令输出代码结果，或检查代码是否有误；也可以回答技术类问题，并给出建议和一些例子。

- 对话交流：能够根据用户输入的内容进行回复，类似于人类之间的常规对话。不同于以关键词触发或预设回复模板为基础的聊天应用，ChatGPT拥有更加灵活的回复机制，同时能够进行多轮对话，并根据与用户对话的内容进行反馈内容的调整和改进。

- 其他细节问题处理：包括计算、单位换算、语法检查、拼写纠正等。

在很多人心里，ChatGPT是一个更加高级的搜索引擎，这是个极大的误会。首先，从字面意义上来说，ChatGPT的“Chat”的意思是聊天，在计算机科学领域，它代表着聊天机器人、对话系统或对话式人工智能的应用，这和搜索引擎的定位有本质区别。其次，ChatGPT的实际功能比传统的搜索引擎更加广泛，它能从更多的层面来解决人们的实际问题。这背后蕴含着与搜索引擎截然不同的运行原理。

传统的搜索引擎，是通过网络爬虫技术，对网络信息进行抓取，然后将抓取到的网页进行分析和索引，形成一个以关键词为基础的索引数据库。当用户输入关键词的时候，搜索引擎会在索引数据库里进行搜寻和匹配，并生成一个结果列表。在结果的呈现阶段，搜索引擎会根据一定的维度，比如说关键词密度和相关性等，通过算法对结果进行排序，最终呈现给用户。用户可以选择点击具体的链接进入页面。

ChatGPT与搜索引擎的运行原理不一样，它并不是对网络上现有信息进行搜索和处理。ChatGPT是以海量数据为基础，以模型为思维方式，以算法作为思维过程，在不断的训练中“学会”知识，并形成输出能力。这个过程就好像训练一只小狗，首先给定指令，如果它能正确地完成指令，训练员就给予食物奖励，小狗就明白这是正确的。如果它没能完成动作，训练员就予以纠正，直到它能正确完成动作。在长期训练实践中，小狗会明白做什么动作能够得到食物奖励，但它本身并不能理解动作的含义。就好像一些小狗会在主人做出“开枪”动作后，倒地装死，但它不会理解“开枪”代表什么，倒地不动弹代表什么，更不能理解人类假装做这件事有什么意义。

如果说训练动物是通过食物奖励来进行，那么训练机器，则是通过模型。ChatGPT之所以看起来比已经出现的对话AI更加聪明，也能够帮助人们解决一些实际任务，原因正在于此。在ChatGPT的热潮之下，每个人都在谈论模型、数据和机器学习，但我们是否真的理解其中的含义呢？

从模型到机器学习，我们如何训练人工智能？

模型是一种认知方式和信息传递的方式，是将物理世界中的具体事物转化为一种抽象的方式呈现。我们可以用简单的数学函数来理解，$y=f(x)$，当输入每一个具体的x值的时候，就会有对应的y值，$f(x)$代表二者映射的方式，可以是简单的线性函数，也可以是更加复杂的函数。而在模型的基础之上，进行数据输入、处理和获得结果的特定的步骤，我们称之为算法。换句话说，算法是实现模型的基础，而模型是算法结果的呈现。在人工智能知识体系中，帮助机器获得分析能力的一系列特定算法和统计学方法的合集，我们称之为机器学习。

因此，我们可以这样理解三者的关系：模型是一种表达和计算方式，算法是以模型为基础的步骤，用以解决问题和完成任务。机器学习是多种算法的集合，它以统计学作为逻辑基础，帮助机器从数据中“学到”内容，并进行预测和决策的动作。在这个过程中，机器学习是实现机器智能化的机制，算法是其手段，而模型是基础之基础。

模型就好比人的大脑，是用于思考的器官，是信息的传递、处理和输出的通道。每个人做动作、进行思考、跟别人说话都需要大脑进行指挥，但每个人具体的思维方式和表达是不同的。这就是输入相同或类似的信息，不同模型会输出不同的结果的原因。而机器学习的过程，就是不断训练的过程，让大脑不断地接收新信息，从而变得更加聪明。

首先是输入大量的数据信息，让模型这个大脑不断地处理并输出结果，然后人们对结果进行查看、核实并对模型进行调整和优化，接下来再次输入信息让模型再进行处理。长此以往，循环往复，人工智能的思考能力就会得以提升。举个具体例子，当我们希望人工智能“学会”《滕王阁序》的时候，我们需要输入“豫章故郡，洪都新府”以及后续的全文，然后不断输入和调整模型，让机器首先能够记住全文。模型本身会根据自回归生成的原理，通过上文的输入，预测和判断下文是什么。比如我们输入“落霞与孤鹜齐飞，秋水共长天一色”这句的时候，通过不断训练，模型通过概率的计算判断出“落霞”之后是“与孤鹜齐飞”而不是其他文字。通过这种方式，人工智能会“记住”这首诗。

但这还远远不够。就好比我们在教给孩子知识的过程中，需要在不同的阶段采用不同的方法。还不认识字的孩子，我们会用绘本让他们直观感受不同的物品和形象，而更大的孩子，他们具备了自主学习能力，就可以在学校跟着老师学习新知识。人工智能的训练需要经过不同的阶段：

第一阶段是预训练阶段。这个阶段就像不识字的孩子通过看图片、绘本，建立视觉能力一样，首先给人工智能输入大量的数据和信息，让模型从中进行观察和学习，了解语言的规律、结构和表达。在这个过程中，我们可以采用无监督学习的方法，即不需要使用标注的数据作为监督信号，而是为人工智能积累足够的素材，为后续模型的调整奠定基础。

第二阶段是模板规范阶段。在人工智能已经有足够预训练的基础上，使用预先设定好的模板或范式来教会它如何输出，这个部分能够帮助人工智能输入固定格式的文本，比如邮件、报告等。在这个过程中，我们需要让人工智能的回答符合一定的人类规范，比如说当有人问如何偷取他人物品时，人工智能的回复必须是此行为是违法的，不要去偷东西，而不是列出偷窃的方法和步骤。在这个阶段，我们可以采用监督学习的方法，给定标注的训练数据来提高人工智能的分析判断能力，可采用的方法包括分类（如图像分类、文本分类）、回归（如房价预测）、序列标注（如命名实体识别）等。这个阶段就是模型的不断调整阶段。

第三阶段是强化学习阶段。因为人工智能发展到一定程度，能力瓶颈会日益凸显，比如只会通过常见关键词回复的人工智能客服，并不能更精准地解决客户的问题，还会让人火冒三丈。这就好像上化学课，我们不仅需要从书本上学习理论知识，并记住各类化学方程式，还要进行化学实验，从中获得更加直观的体验。在训练人工智能的过程中，我们对它输出的结果进行反馈和调整，让人工智能与外部环境进行互动，通过结果好坏给定评估和奖惩，让系统不断优化策略，输出更精准的结果。这就是机器学习的基本逻辑。

人工智能经过大量和反复的训练，模型不断调整，系统反馈不断优化，于是从整体上看，人工智能好像变得更加聪明了，能够处理更多复杂的情况。比如，我们想知道《滕王阁序》中“落霞与孤鹜齐飞”的下一句，我们可以提问“落霞与孤鹜齐飞的下一句是什么”“落霞与孤鹜齐飞后面的内容是什么”等，人工智能在大量训练中，对不同的提问方式都能进行判断，从而输出准确的结果。

目前的ChatGPT已经具备识别不同提问方式的能力，但是从机器学习的角度来说，我们也要客观地看到，这个过程涉及很多具体的问题。

- 数据问题。机器学习需要大量的数据，同时数据的质量也很重要。如果向模型输入大量误导性信息，就会造成输出结果的不准确。
- 模型的逻辑性问题。如果向人工智能输入量化的、准确的信息，模型的处理将会非常顺畅，但如果涉及需要逻辑推理和深层次的语义理解时，目前的机器学习技术还需要进一步提升。
- 模型泛化问题。机器学习可能已经取得了比较好的成效，但是一旦接受了全新的、从未接受过的新数据，就面临无法处理的问题。换句话说，机器学习目前还是以学习过的知识为重心，对全新知识的解析能力尚不足。

- 执行层面的其他问题。比如机器学习的成本、效率和商业的平衡性问题，计算资源的充足性和稳定性问题。

ChatGPT带来的大模型革命

影响机器学习效率和实际效果的关键因素是模型的大小，一般来说小模型带来的提升是小于大模型的。我们给定大模型一个更精准的定义，大型语言模型（Large Language Model，LLM）是由大量参数的神经网络组成的语言模型，一般使用无监督或半监督学习算法进行训练。大小模型之间的定义和划分并没有一个特定的标准，一般可以用计算量、参数量、访存量和内存占用等多个指标综合衡量，以参数量为例，小模型的参数量可以在几十万到几百万之间，而大模型的参数量可以达到几十亿之多。ChatGPT之所以让人工智能看起来更加智能化，并且确实能帮助人们解决不少问题，原因之一就在于它以大模型训练为发展思路。相较于小模型，大模型表现出以下显著的特征：

- 更长的训练时间和更高的训练成本。小模型属于短平快的模式，而大模型需要处理更多参数，因此训练时间更长。当然，模型的训练时间也受到其他因素的影响，比如计算机硬件、训练算法、超参数等。
- 反应速度相对小模型更慢。由于大模型要占用更高的计算资源，比如内存占用量更多，因此输出的速度要小于短小精悍的小模型。
- 在实际效用方面，大模型的效果要好于小模型，集中体现在结果的精准度、分析和预测的深度和准确性等方面。
- 可部署性方面，大模型需要更多算力支撑和存储空间。因此大模型在实际应用场景中，对基础设施的配置要求显著高于小模型。如果是在物理空间中配置大模型的应用场景，需要在运营维护方面投入相对多的资源。

总而言之，大模型能够让人工智能学习效果更好，输出的结果更加精准，但是也需要更多的训练时间、成本、基础算力和相关配套。

截止到2022年，已经实施的大模型包括谷歌的BERT、GLaM、LaMDA，DeepMind的Chinchilla，亚马逊的AlexaTM，Meta的LLaMA，OpenAI的四代GPT，百度的文心大模型等。这些模型均由互联网大厂牵头研发，主要原因是大模型训练成本很高，据2020年的一项研究估计，训练一个15亿参数模型的成本为160万美元。因此摆在各大公司面前的还有一个现实问题，就是未来如何在提升训练质量的同时降低训练成本。而从宏观的商业角度来说，如果人工智能大模型训练都只能由互联网巨头公司完成，其他中小型公司或初创企业毫无机会，那么是不利于整体市场环境的健康发展和更多应用场景的创新的。当然，这是另外一个层面的问题。

表2.1　国外主流大模型信息

模型名	发布时间	开发者	模型参数	样本大小	开源许可	备注
GPT-1	2018/6	OpenAI	1.17亿	~10亿tokens	MIT	
BERT	2018/10	Google	3.4亿	34亿词汇	Apache 2.0	
GPT-2	2019	OpenAI	15亿	100亿tokens	MIT	
Fairseq	2020	Meta	130亿			
GPT-3	2020	OpenAI	1750亿	4990亿tokens	API接口	
Megatron-Turing NLG	2021/10	Microsoft and Nvidia	5300亿	3386亿tokens		
GLaM	2021/12	Google	1.2万亿	1.2万亿tokens		
LaMDA	2022/1	Google	1370亿	1.56T词汇		
Chinchilla	2022/3	DeepMind	700亿	1.3万亿tokens		
AlexaTM	2022/11	Amazon	200亿	1.3万亿tokens	API接口	
LLaMA	2023/2	Meta	650亿	1.4万亿tokens		
GPT-4	2023/3	OpenAI	public web AP			
文心大模型	2023/3	Baidu				

资料来源：https://en.wikipedia.org/wiki/Large_language_model.

ChatGPT带来的大模型革命是毋庸置疑的。总体来说，大模型的发展呈现出以下特质：首先，随着算力的提高、计算机硬件性能的提高以及数据量的不断提升，未来大模型将变得更大，更大的模型会带来更加精准的算法结果，机器将变得更加智能；其次，大模型对数据质量的要求也在不断提升，数据质量集中体现在数据集的多样性、数据标签的准确性、数据的时效性和来源的多样化，同时数据中异常值、缺失值或噪声等也会影响质量。可见，未来大模型的发展需要更加高质量的数据，因此我们前文提及的大数据技术的发展也将变得更加关键，它在人工智能领域中将发挥更加关键性的作用。

同时，合成数据的使用也将成为大模型发展的趋势之一。合成数据，不同于自然采集的数据，它是由人工生成的数据，比如生成式对抗网络（GAN）、变分自编码器（VAE）和数据增强等产生的数据。合成数据在数学或统计学上能够体现数据的原始属性，因此可以在大模型训练中作为原始数据使用。由于合成数据某种程度上本身就是模型训练的产物，相较于原始数据它的成本更低、效率更高。因此，大模型在未来的发展中对合成数据的进一步使用也将是一种必然趋势。

ChatGPT发展启示录

ChatGPT的爆火，对人们的冲击面非常大，正如我们前文提到的，持有正反两方面观点的人均不在少数。暂时抛开主观论调和一些争议不谈，我们将视角聚焦于技术本身带来的不同维度的影响。

当我们在研究这一点时，不妨回顾下历史上的社会变迁。工业革命时期蒸汽机大规模使用，纺织业机械化生产，导致纺织女工失业，但这只是复杂社会的一个方面。机械化生产推动了工人阶级的诞生，也加速了城市化进程，失业的纺织女工背井离乡前往城市寻找工作机会，本身也是城市化的一部分。以工厂为基础的商人和资本家也逐渐产生，他们促进了市场经济的形成，当时工厂的管理方式也为后来的劳资关系变化埋下了种子，并推动后来的社会变革。同时，工厂的建立让管理科学也逐渐兴起，人们从重复性的劳动中获取的管理知识成为了一门学科，生产技术也与自然科学相互结合。从此，人类整体的认知发生了翻天覆地的变化。

现在的我们又何曾不是面临同样的变化？2015年OpenAI在埃隆·马斯克、阿尔特曼、彼得·蒂尔等人的共同推动下成立，其中阿尔特曼是美国头部孵化器及风险投资公司Y Combinator的总裁（后来创立了OpenAI），彼得·蒂尔是全球头部支付平台

PayPal的联合创始人。就好像斯坦福大学的车库故事一样，这些人也在某个风和日丽的日子中书写了传奇。OpenAI起初的定位是一家非营利性的人工智能研发机构。

2017年Google团队发布了知名的论文*Attention is All You Need*，对人工智能的注意力（Attention）机制和编码器及解码器（Encoder and Decoder）架构进行了阐述和解析。

2019年，OpenAI发布了GPT-2模型，该模型具备15亿个参数，基于800万个网页数据进行训练。同年OpenAI公布了MuseNet，这是一个基于深度神经网络的生成模型，可以用10种不同的乐器生成4分钟的音乐作品，开拓了生成模型应用领域的新局面。

2020年，OpenAI发布了可视化工具Microscope，用于分析神经网络内部特征形成过程，同年GPT-3模型诞生，它具有1750亿个参数，是当时世界最大的大模型案例。

2021年，OpenAI发布了CLIP，它可以从自然语言监督中学习视觉概念，可以应用于任何视觉分类基准；发布了可以用于视觉分类基准的DALL·E模型，它以GPT-3的120亿个参数版本为依托，用于从文本描述中生成图像。

2022年，OpenAI通过视频预训练（Video PreTraining，VPT），在大量无标签视频数据集上训练了一个神经网络来玩*Minecraft*。年底，OpenAI发布了Whisper，这是一款语音识别预训练模型，能够逼近人类水平，支持多种语言。后来的事情大家很清楚，

ChatGPT成为全球炙手可热的人工智能应用。

2023年3月，OpenAI发布多模态大模型GPT-4，据阿尔特曼称，该模型是“迄今为止功能最强大、最一致的模型”。GPT-4的使用，将极大地增强ChatGPT的能力，提高信息输出的准确度。比如，使用GPT-4参加美国的一些标准化考试，取得的成绩要远远好于GPT-3.5，因此GPT-4被寄予了厚望。

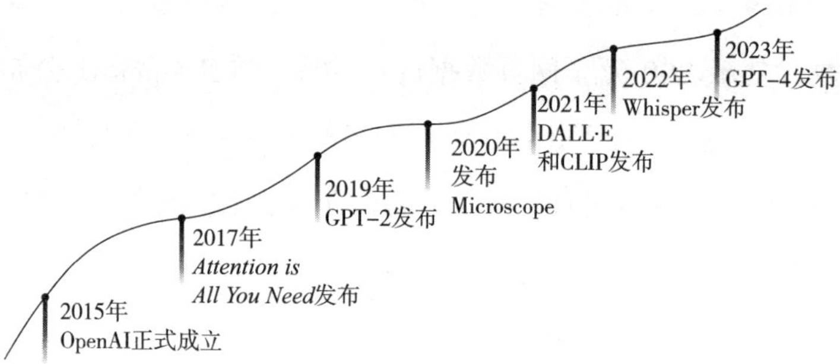

图2.2　OpenAI技术发展历程

除了技术上的积累和进步，OpenAI这些年在公司运营和商业化层面也在不断调整。2019年马斯克离开OpenAI董事会，原因是他想要获得公司的控制权被拒绝。OpenAI开始朝商业化转型，公司整体的战略从非盈利（non-profit）转向为有限盈利（cApped for profit）。当时他们面临资金紧张的情况，而微软正在发力人工智能领域，于是向他们投资了10亿美元，双方达成了长期合作协议，在微软的Azure云平台上搭建人工智能技术。2020年，微软和OpenAI进一步加强合作，微软再次向OpenAI投资，买断了

GPT-3底层技术使用许可。

对OpenAI技术和商业“两条腿走路”的发展历程，我们可以从三个层面进行深度思考。首先，从公司运营和商业化层面来讲，ChatGPT大模型发展路径对资金和时间的要求极高，OpenAI在资金压力下选择了商业化转型。而对于更多的人工智能企业来说，如果要参与大模型赛道，需要谨慎地考虑技术和商业的平衡性问题。其次，ChatGPT的大规模推广会对互联网行业的商业竞争格局产生影响。作为互联网创业者、投资者或企业管理者，应当及时跟进并做好应对准备。

比如，2023年ChatGPT将与Bing搜索引擎相结合，也就是说未来用户在使用搜索引擎时，可以接入ChatGPT的功能，此举将极大地提高体验感和便利性。同时，ChatGPT与Microsoft Office软件相结合，将极大地提高办公软件的可用性。微软的这些举动被认为是挑战谷歌的搜索引擎地位，是提高自身竞争力的护城河。我们并不能说使用了ChatGPT，微软就能成功挑战谷歌搜索引擎的位置，但我们在研究和分析人工智能产业价值的时候，有必要将ChatGPT这类突破性的AIGC产品作为重要且长期的考量因素。

ChatGPT目前存在的不足

我们从OpenAI的发展历程和ChatGPT技术线的前进轨迹可以明显地观察到大模型不断训练带来的成效，也可以从它的火爆中观察到市场对此类人工智能应用的需求。但是，我们也应当客观地看到目前ChatGPT仍然存在不足。

从普通用户的体验感来说，ChatGPT存在着以下问题：

- 部分信息内容的模式化和单一化：在语句生成方面，当用户在某一领域大量搜索类似内容时，会发现ChatGPT生成的内容具有明显的“机器人思维”，即具有明显的模式化特点和固定的思路。对于创意工作者来说，ChatGPT提供的内容可以作为思路的补充和提示，但其创意性仍然有待提升。
- 价值观问题和主观概念：在用户输入相对主观的问题或价值观问题时，ChatGPT的回复会更加类似模板，因为主观性的问题涉及面较广，从人类情感到文化背景、风俗习惯、成长环境和自然人沟通，这些要素目前仍然难以使用模型训练的方法让人工智能完全掌握。因此，ChatGPT的社会化程度仍然不够，难以理解人类的价值导向和情感需求。
- 非量化性议题：在量化程度较低的内容生成方面，ChatGPT的理解分析能力可能仍然有待提升。由于ChatGPT是以用户输入的数据信息作为模型训练的基础，因此其接收的信息的量化程度和准确程度，决定了它的分析水平。对于历史、人文、新闻等量化程度相对低，且容易存在不同观点的内容，ChatGPT容易接收到不准确的信息输入，因此容易呈现出“一本正经地胡说八道”的结果，比如未经证实的历史信息，或将新闻人物和事件张冠李戴。

从商业模式的角度来说，目前虽然ChatGPT已经推出了付费模式，但是公司整体上并没有实现盈利。从企业健康长远发展的角度来说，商业模式和盈利性是OpenAI乃至其他人工智能创业公司都需要面对和解决的问题。该问题可以拆解成两个方面：一是如何开源，如何利用好ChatGPT发展出更多可持续性盈利业务，比如针对企业提供体系化的解决方案和客户服务，帮助企业开发智能客服等功能；或者推出更多消费级应用，例如更加精准的在线医疗咨询服务、个人用户定制化媒体服务、辅助教育培训服务等。二是如何节流，如何利用技术的发展降低大模型训练的成本和时间，形成更加高效的良性循环，以更加经济的方式让ChatGPT变得更加聪明，同时产生更广泛的应用场景。

从社会治理的角度来说，目前ChatGPT已经产生了一些影响。因为技术的进步往往比管理制度来得要快，当突破性的技术快速降临时，我们常常被打得措手不及。就像我们前文提到的不再接受投稿的科幻杂志社，不允许学生使用ChatGPT的学校，他们在新技术的冲击下，无法很快地寻找到合适的解决方法，这也是每个新技术在迈向产业化的过程中都会面临的问题。就像在汽车发明之初，没人会想到不远的未来，堵车会成为城市交通的核心问题之一，没有人会提前规划城市道路；在互联网发明之初，没人会预料到互联网信息爆炸会让通信需求不断提升，网络业态的丰富让信息安全和个人隐私保护成为了新的问题。新的犯罪形式通过互联网实施，部分人因为互联网上的虚假信息，影响到了现实生活。我们在技术产业化的过程中不断发现新问题，并通过技术、社会治理、行政等方式解决问题，然后可能会遇到更新的问题。

国内外巨头的发展现状

人工智能的浪潮势不可当，国内外多家头部互联网公司已经开启了它们的征程。

案例：谷歌——在技术和商业中挣扎

2023年谷歌发布了对标ChatGPT的产品Bard，该产品是在谷歌大模型LaMDA（Language Model for Dialogue Applications）的基础上开发而成的。Bard具备和ChatGPT类似的功能，用户可以输入指令和问题，由它给出反馈。但Bard的LaMDA模型更小，算力要求更低，与GPT模型相似，LaMDA也以Transformer架构和无监督学习方法进行预训练，但GPT更擅长处理自然文本对话，而LaMDA则更加注重多模态能力和对话场景。

目前Bard暂时不支持中文输入，但它宣称自己会100多种不同的语言。在实际试用的效果中，不少用户表达了对Bard功能的诟病。很多人猜测这是谷歌的策略问题而不是技术问题，由于担心内容生成引发的麻烦，谷歌暂时限制了Bard的语言能力和上下文理解能力。

但Bard对于谷歌的意义不仅如此，谷歌作为全球头部互联网公司，在人工智能及相关的细分领域已经有了系统性的战略部署。

从收购层面来看，2011年，谷歌收购了语音识别公司SayNow、人脸识别公司PittPatt、乌克兰面部及手势识别公司Viewdle，2013年收购加拿大神经网络公司DNNresearch Inc，美国自然语义处理公司Wavii，手势识别技术公司Flutter，机器人公司SCHAFT Inc、Industrial Perception、Redwood Robotics、Meka Robotics、Holomni、Bot & Dolly和Boston Dynamics。2014年谷歌以6亿美元收购英国人工智能公司DeepMind Technologies，这家公司后来开发出人工智能围棋Alpha Go，并打败了知名棋手李世石。在收购DeepMind后，谷歌为其提供大量资金用以研究通用型人工智能，但由于研发周期长、成本高，直到2021年DeepMind才扭亏为盈。之后，谷歌又收购了人工智能公司Jetpac、Dark Blue Labs、Vision Factory。

在产品和服务层面，谷歌也打造了以AI Infrastructure、开发者和数据科学家为主要受众的产品线，主要包括Deep Learning Containers、GPU、Tensowflow企业版、Vision AI等等。

而2023年Bard的匆忙推出，被认为是应对ChatGPT对谷歌搜索引擎业务的挑战。实际上谷歌在人工智能领域的部署，可以从几个不同的方向去理解。从商业角度来说，这一策略是出于对ChatGPT挑战的应对。长期以来谷歌在搜索引擎市场上一直处于绝对领先的位置。据Statcounter Global Stats数据显示，2022年全球搜索引擎市场份额中，谷歌为92.42%，必应为3.45%，雅虎为1.32%，Yandex为0.79%，百度为0.65%，DuckDuckGo为0.63%。而其余的搜索引擎，如Ask、美国在线AOL、Ecosia等加起来还不到1%。但ChatGPT的出现有可能挑战谷歌的地位，尤其是当它与New Bing、Microsoft Office等成熟产品相结合后，可能会形成新的用户习惯，为此谷歌必须提前应战。

在发展战略层面，谷歌面临着业绩之外的更深层次的压力——反垄断。谷歌的垄断问题一直饱受争议，并且一些国家和地区已经对其采取了措施。2016年谷歌利用搜索引擎的优势地位来推广自家产品AdSense，该产品主要提供广告服务。此举被认为是涉嫌垄断行为，谷歌因此被欧盟罚款14.9亿欧元。2018年欧盟指控谷歌利用安卓系统进行搜索引擎的预装，具有垄断性质，并提起罚款40多亿欧元，直到2022年底谷歌依旧针对此案在进行上诉。而2019年，谷歌接受了不同国家的14次反垄断调查。2021年到2022年，意大利、法国、英国、德国、韩国、印度等国多次对谷歌涉及垄断行为进行罚款或调查，涉及滥用安卓系统中的市场地位、网络广告的推广、数字广告定价的合规性、利用自身地位在广告中截留用户数据等。在美国本土，谷歌也面临着垄断地位调查和罚款的压力。2023年1月，美国司法部联合八个州起诉谷歌，认为其垄断了数字广告市场，其中还包括谷歌所在地加州，当局希望将谷歌数字广告业务进行拆分。

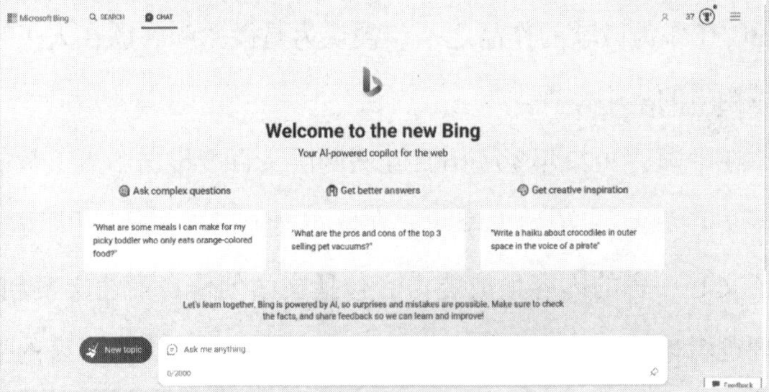

图2.3　接入ChatGPT的New Bing 页面

谷歌在巨大的管理压力之下，战略转型是非常困难的，毕竟“船小好掉头”，而谷歌已经是一艘巨轮，调整业务重心和方向是转型的必要选择。谷歌押注人工智能领域，也是出于自身业务逻辑的调整和未来风险防范的考虑。人工智能内容生成赛道由于较高的技术门槛和成本，很容易形成天然护城河，当然未来谷歌能否借此完成业务甚至整个公司的转型，还有待时间的考验。

押注人工智能的巨头还有微软。除了投资OpenAI，微软还推出了基于Transformer架构的大语言生成模型Turing NLG（简称T-NLG），以及DeepSpeed，DeepSpeed是一个开源的深度学习库，可以用来简化大模型的分布式训练。自2017年开始，微软就通过“图灵计划”来开发大模型，目标是在构建模型的基础上，探索如何在产品中进行大规模应用。经过几年的研发，微软不仅在内部使用此T-NLG，同时也向部分合作伙伴出售相关技术。ChatGPT作为微软的作品之一，被认为是微软和谷歌在人工智能领域竞争的集中体现。

在中国，2023年3月16日互联网巨头百度推出了人工智能产品“文心一言”，创始人李彦宏在发布会上以demo视频的方式演示了文心一言的内容生成能力，包括文学创作、商业文案创作、数理逻辑推算、中文理解、多模态生成等。虽然文心一言的推出让百度的股价受到一定影响，主要集中在产品成熟度和功能完整性方面，但第二天部分专业分析师的测评帮助百度股价回升。近年来，百度在人工智能领域铆足了劲儿，构建了完善的人工智能领域发展路径——“all in”，即全方位布局人工智能领域，已经推出了百度翻译、AI智能驾驶汽车Apollo、小度机器人、百度地图等。其中自动驾驶汽车自2013年开始研发，目前已经处于商用测试阶段，预计在5年内实现商业化。其他互联网公司或相关的科技公司也均在布局自己的智能产品，比如华为的盘古、阿里的通义千问、360的360AI等。

这些国内外互联网公司在人工智能领域的发展思路和战略不同，但也有明显的共性：首先，技术研发与收购、投资等举措并行。人工智能从模型的研发，到机器学习的训练过程，再到最终产品落地，是一个极其“烧钱”的过程，而在目前产业价值尚不明确的情况下，自主技术研发和收购、投资都是必不可少的。自主技术研发能够帮助企业占领市场和用户心智，为更多产品的融合和新业态的推出奠定基础，而收购和投资能够帮助企业整合和集成更多资源，形成技术和商业上的合力，降低人工智能研发的成本。其次，人工智能领域的研发与几年前相比，更加重视产品和应用。这种融合体现在人工智能与自家已有产品的融合、以新模型为基础推出面朝B端或C端的解决方案服务等方面，同时这些巨头也在不断探索更多新的产业化机会。

ChatGPT只是一个新的开始，在这波浪潮之下，新的变化每时每刻都在发生。我们应当持续关注关键技术、革命性产品的发布，头部企业的重大战略信息等，以寻找人工智能大规模产业化落地的机遇与潜力。

语言、知识和ChatGPT

ChatGPT浪潮不仅带来了大模型概念的普及，也对人们的固有认知造成了一定冲击，因为人和计算机的关系到了一个全新的阶段。

尤瓦尔·赫拉利所著的《人类简史》中提到“认知革命”的概念，认为认知革命从人类对自然的抗争中而来。虽然我们现在不再需要直接与大自然抗争，我们有楼房来遮风避雨，我们有交通工具来翻山越岭，我们有天气预报来感知变化，但人类实际上是相当脆弱的生物体：人无法战胜大型食肉动物，无法像食草动物一样快速奔跑，没有犬类的嗅觉，也没有鸟类的飞行能力。但人作为高等级的智慧生物，能从自然界中脱颖而出，靠的就是知识。

在新技术发明和广泛应用之前，人类的知识和认知靠语言来传播和传承，知识从人类在自然界生存的实践中积累而来。固有的知识经过总结、整理，并口口相传，从父母辈传承至子辈。在此过程中，人作为生物体，自然生命会随时间而终结，但知识却由于语言的传承而留传下来，并随着技术的进步一代代更新，新知识取代旧知识，就这样人类从猿人直立行走的时代，走到了今天。

当社会发展到了今天，我们对知识的需求不但没有停滞，反而呈指数级别增长。同时知识的获取方式也发生了翻天覆地的变化，ChatGPT给人类带来认知层面的冲击正是来源于此。过去我们依靠人类不断学习取得知识的方式，或许未来会被机器取代。ChatGPT既没有生物体出生、死亡的概念，也不需要吃喝拉撒和休息睡眠，在能够一直运行的情况下，其理论上可以一直接收新信息，不断完成机器学习并变得越来越聪明。事实上，现在已经有人通过ChatGPT参与学生们的标准化考试，并取得了优异的成绩，这证明ChatGPT在智慧的道路上已经越走越远。这也是为什么很多人开始思索人工智能的智慧边界在哪儿，能否产生更加深度的思维能力，甚至是情感感知能力。

ChatGPT带来的另外一层思索核心是语言。过去知识通过语言来传承和传播，而今天语言本身的意义和概念正在瓦解。机器翻译技术的成熟让自然人类语言的界限正在瓦解，计算机时代的到来，人们用计算机语言构建起与机器沟通的桥梁，而人工智能时代的到来，自然语言识别技术兴起，人们可以直接用自己的语言同机器对话。人和机器的沟通成本和门槛大幅度降低，每个人都可以用人工智能来做一些事情。当然，新的沟通需求也在不断产生。

— 第三章 —

AIGC目前面临的挑战

ChatGPT的红火给人们带来了一种乐观的思潮，我们已经处在人工智能时代了，未来人工智能将推动人类向前发展，人类不再需要在社会变革中苦苦挣扎前行。虽然事实的确如此，但当我们仰望星空时，也需要踏实地踩着脚下的土地。目前以ChatGPT为代表的AIGC产业，在朝气蓬勃发展的同时，也面临着不少的挑战。

从全球视角来看，AIGC的发展离不开人工智能基础层、应用层和技术层架构的整体发展，因此目前整个产业所面临的挑战可以从上述三个层面来探讨。其中基础层当中有两个关键要素：芯片和算力；技术层涉及的问题则是各类具体技术应用水平的不断提升和训练成本的问题；而应用层则涉及社会治理和科技伦理的问题。我们在后续章节中会进行详细的讨论。

算力提升：AIGC突破的必要条件

数据是人工智能的核心驱动力，就好像工业革命以后电力的普及，从工业生产到普通日常生活都离不开电力的支持，数据已经成为新的生产要素。目前数据增长速度显著加快，根据中国信通院的报告，到2035年全球数据量将达到2142ZB（ZB：Zettabyte，1ZB 约10万亿亿字节），是2020年所创建数据量的45~46倍。[①]

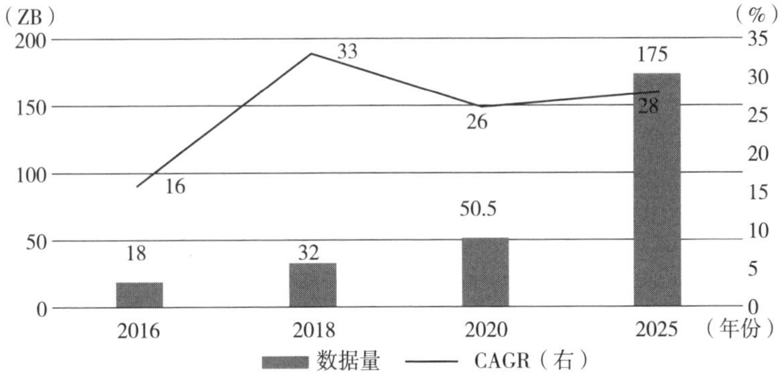

图3.1　全球每年产生的数据量

数据来源：中国信通院、财通证券研究所。

数据量的快速上升提高了对算力的需求。而算力已经变成了目前数字经济时代下的基础设施，也是产业重构和升级的核心要素。我们可以通过一个类比来理解算力，第二次工业革命使人类

① 数据来源：财通证券报告《助力数字经济，人工智能开启算力时代》。

进入电气时代，我们开始用电车替代马车，显然前者更加快捷方便和安全，但电车大量使用的前提是电力的大规模普及。没有电力的大规模应用和普及无法完成这一替代的过程，这是基础设施发挥作用的基本前提。另外，电力时代下，人们发明了建筑物里的电梯，电梯的发明解决了人们爬楼梯的问题，那么在建设大楼的时候，就可以修得更高。这就是产业升级的概念：突破已有产业的瓶颈和限制，并在升级的过程中衍生出新业态、职业或配套服务。就好比围绕电梯自身，后续衍生出电梯生产制造、检测、维修等产业。

算力在人工智能时代的作用，就好比电气时代的电。从基础研究、底层技术，到实际模型的训练和优化、应用的开发及商业化，算力在其中都起着至关重要的作用。有研究表明，算力指数平均每提高1点，数字经济和GDP将分别增长3.5‰和1.8‰。目前各国都很重视算力的发展，其中美国和中国处在领先地位。

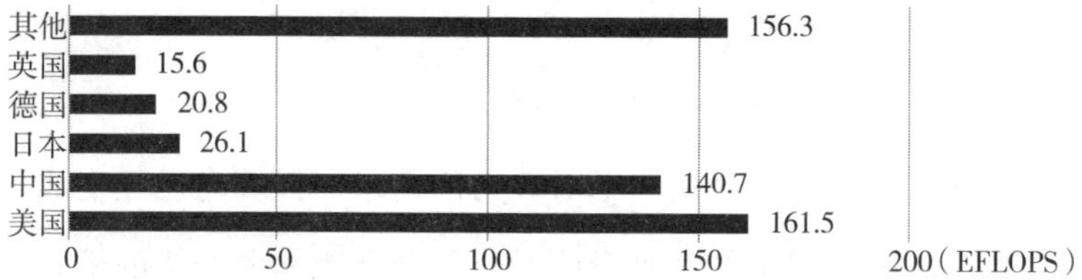

图3.2　目前世界各国在算力上的规模

数据来源：中国信通院、财通证券研究所。

就目前的实际情况而言，算力的进一步突破和发展，核心问题是三个关键因素：

一是算力规模，即通过技术手段能够提供更大量的算力，好比要承载更多的车流量，我们需要修更多的路，那么修建高速公路还是普通公路，在什么地方修建，如何规划，都是需要考量的因素。因此，算力规模的提升不是单纯地投入更多的资金和设备，而是需要各方面综合协调。

根据中国信息通信研究院测算，2021 年全球计算设备算力总规模达到 615 EFLOPS，增速达到44%，其中基础算力规模为369EFLOPS，智能算力规模为232 EFLOPS，超算算力为14 EFLOPS。EFLOPS是算力的计算单位，指的是每秒钟可以执行10亿亿次浮点运算的能力。浮点运算用于处理浮点数的计算，浮点数是计算机科学中的一种数据类型，用符号位、阶码和尾数表示，用于存储和计算实数。浮点运算除了包括基本的加减乘除，还包括三角函数、指数函数等数学计算。总之，浮点运算能力越强，就代表在同一时间内能够处理的任务越多，处理更大型的任务时速度越快。当更多用户同时使用时，更大的算力能够保障通信的正常运行，就好像更宽的道路能够容纳更多的车流一样。

基础算力、智能算力和超算算力则是算力的不同类别。基础算力是以CPU芯片作为服务器所提供的算力，主要提供通用型的计算，比如云计算、边缘计算，支持移动计算、互联网等常规应用。智能算力是以GPU、FPGA、ASIC等芯片为核心的算力，主要用于人工智能的训练和推理及传统产业的数字化升级和部分新产业，比如自动驾驶、辅助诊断、智能制造等。智能算力对实时性要求相对较低，但是对算力强度要求较高。超算算力是由超高性能计算机集群提供的算力，主要用于前沿技术领域，比如医药研发、重点大型工程的大规模计算等。

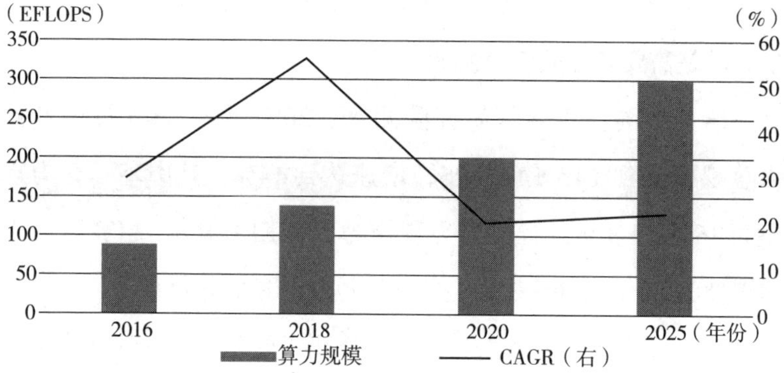

图3.3　中国数据中心算力规模

二是算力效率和资源配置。我们发展算力的根本目的其实就是让计算机的计算能力得到充分的利用，这里涉及的关键问题是效率。具体可以从以下维度进行思考：

- **能源效率：**算力的运行和提升都需要物理资源的支持，也就是电力。我们以数据中心为例来说明，数据中心作为算力的物理空间承载者，需要消耗大量的电力来保持长期稳定的运行，因此算力效率的提升需要考虑如何用相对少的电力来支撑这些设备。数据中心可以通过引入更高效的服务器和设备、优化电力系统和智能管理系统来达到降低能耗的效果，同时在设计建设之初就采用更合理的结构和方案。这背后包含了更加底层的技术逻辑，比如如何改进服务器、如何为大数据中心提供更加节能的电力系统等具体问题。因此，算力能源效率的提升是一项复杂的科学技术工程，需要长期的投入和改进。

数据中心的能源效率还面临着政策和社会治理的问题。随着ESG理念逐渐深入人心和“双碳”政策的实施，数据中心作为碳排放和能源消耗的重点领域，必须不断改进自身，以符合政策和社会发展的要求。换句话说，一方面发展人工智能需要更大的算力支撑，因此需要数据中心这类的基础设施，另一方面生态环保导向的政策又起到了一定约束和引导作用。如何平衡二者之间的关系，真正实现能源效率提升，在降低能耗的同时产生更大的算力规模，是我们目前应当面对和解决的问题。

- **成本效率：**提高算力规模的成本效率，是从经济层面考虑，用尽可能少的资金投入实现算力规模的提升，但这件事本身也是复杂的。算力与传统的基础设施建设有很大的不同，比如传统的修路虽然也是长周期、重资金投入的大工程，但工作方式已经非常成熟，除非是特殊的公路，一般不需要过多的迭代升级。但算力基础设施的效率提升路径更加复杂。首先，算力硬件设施从购买到投入使用，固定成本高、维护费用昂贵，同时还面临不断升级迭代的需求，需要长期的投入和维护。其次，软件层面也在不断更新优化，高效的代码能提高算力的利用率和稳定性，这也是需要不断投入的；同时，提高算力所需要的人力资源成本更加昂贵。算力行业对人员专业技能和水平要求更高，往往需要具备计算机科学、数据科学、工程学、数学等多个学科知识的人才，同时对信息技术、网络技术比较了解，因此在寻找、匹配、培训和长期培育方面，都需要投入更多资源，以满足不断变化的发展需要。因此提高算力的成本效率，需要考虑规划设计、运营管理、底层技术等各个方面的问题，是一项长期性、系统性的工作。

- **算力的资源配置：** 当算力基础设施系统构建完成后，算力资源的分配和使用也是重要的议题，即在算力一定的情况下，如何将算力用到合适的地方，并尽可能达到最佳效果。

三是应用和商业化。 算力作为一项基础设施资源，并不直接面向消费终端，但由于其投入的资源和时间巨大，其经济性和商业性也是必须要考量的因素。我们在日常生活中，打开水龙头就可以获得自来水，插上插头就可以获得电，这也是因为水电已经通过上游厂家的处理和网络的建设，完全走入寻常百姓家。低成本、高效率、便捷性，这是完全规模化和商业化的结果。但算力作为新的基础资源，与水电的普及完全不同：首先，算力本身不是物理产品，也不直接产生物理产品，它不像水能看得见摸得着，也不像电力转化成灯光后也能看得见，它输出为计算机产生的电子化成果。这个过程具有较高的技术门槛，因此它不具有直接的大众普及性。其次，算力的市场需求基本上都处于产业链的上游，必须以产业链的下游的应用和商业需求作为支撑。就好比，采矿业扩大产能是由于下游产业的需要，比如冶炼化工行业、制造业，采矿本身不是面对终端市场的，而是需要通过产业链完成一个转化过程。而算力也是如此，算力需要通过技术手段转化为应用和服务，才能进一步商业化，这是它区别于传统生产资料的关键。对于人工智能技术，算力为人工智能的训练和推理提供服务，而人工智能技术只有进一步落地，才能形成规模化和商业化。但由于人工智能技术和应用本身仍然处于发展期，具体的应用场景和商业模式有待完善，所以它目前还不能帮助上游的算力产业形成良好的商业化。

在人工智能细分领域中，AIGC是具有较大落地可能的细分市场，也是能够反过来推动算力发展的应用之一，因此AIGC的发展突破是一个双向循环——其自身发展离不开上游算力的突破，而其商业化又能反哺算力产业健康发展。在第八章中，我们将对算力产业未来发展情况进行深入分析。

硬件问题的核心：芯片

硬件设施是人工智能基础层中的关键一环，所有的模型和算力算法都需要硬件作为支撑，其中最核心的就是芯片。就好比人类用大脑思考和决策，大脑中又有神经元组成的网络，用以传递信息。芯片在人工智能中的作用就类似于大脑中的神经元，它让人工智能真正地智能起来。因此芯片的质量、数量、精细度和稳定供给，对人工智能整个行业的发展都至关重要。

从整体产业来说，芯片在各种电子产品和设备中均被广泛应用，比如智能手机、汽车、医疗设备等，因此在全球范围内都有较大的市场。2020年后，在疫情的影响下，芯片的产业链和物流受到了极大冲击，而半导体市场需求又急速增长，在供需矛盾下，造成了全球缺芯的现象。随着疫情形势的变化，芯片市场的供需矛盾问题得以缓解，但芯片的供应问题将是人工智能发展领域长期存在的关键问题，这里存在一些深层次原因：

首先，芯片供应链存在着宏观层面的不均衡，少数国家掌握核心技术优势。美国在人工智能芯片设计方面具有明显的优势，高通、谷歌、英伟达、英特尔、IBM、微软等头部公司均是美国企业；在半导体设备和材料方面，日本具备一定的竞争力；而韩国三星以存储芯片见长；中国台湾地区的台积电则擅长芯片代工生产。

同时，在芯片研发方面，具有先发优势的国家往往是本身就具有扎实工业基础和资金能力的发达国家。这些国家不仅提前布局芯片的整体研发工作，同时还充分利用自身的资金优势在部分特定芯片领域形成了高度壁垒，使得全球芯片产业不均衡进一步加大，少数国家在该领域占据了大部分话语权。

因此，站在全球的角度来说，如果人工智能要取得更加长足的发展，芯片产业的结构性问题需要得到解决，这不是单独某一个国家能够完成的任务，而是需要多个国家共同协商，以更加市场化的方式化解芯片供需不平衡的问题。

从中国国内的角度来说，最近几年芯片也是大众重点关注的话题之一，中国并非没有芯片的相关产业或研发基础，但一些关键性要素让芯片成了“卡脖子”的难题。

首先是光刻机的问题。目前全球最先进的光刻机生产厂家是荷兰ASML公司，他们能够实现5纳米芯片的工艺，处于世界顶尖水平。近年来，不少中国企业如中微半导体、大悦城集团、长城微电子等已经推出了自主研发的光刻机，但中国国产顶级的光刻机是22纳米，与ASML仍然存在不少的差距。根据浙商证券的报告，2016—2021年中国大陆半导体设备市场规模复合增速为35.6%，设备进口额复合增速为29.8%。2021年中国半导体设备市场规模为296亿美元，同比增速为58.12%[①]。中国目前在光刻机方面进口比例在下降，但对海外进口设备的依赖度仍然较大。

其次是芯片生产的良品率问题。由于芯片的特征尺寸不断降低，伴随着工艺要求的不断提升，设计和制造成本也在增加。据Gartner统计，16nm/14nm芯片的平均IC设计成本约为8000万美元，设计7nm芯片则需要2.71亿美元。在高昂的成本压力下，芯片生产企业应当更加注重良品率的问题，以提高资金的使用效率，保

① 数据来源：浙商证券行业专题报告《半导体量测设备：集成电路良率控制关键，国产化提速！》。

障产品的质量。

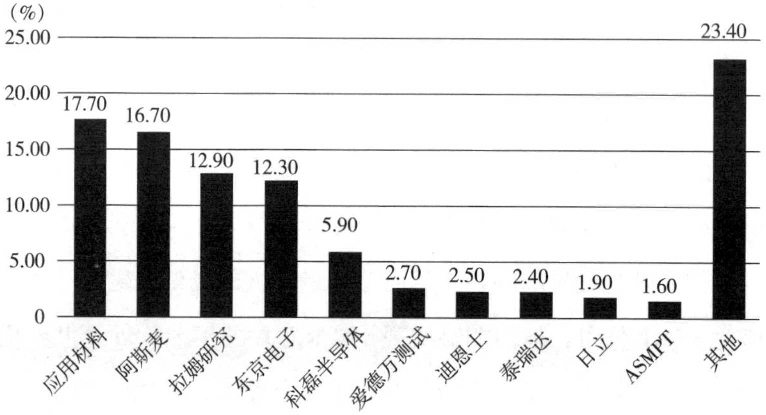

图3.4　全球前十半导体企业市场份额情况

同时，芯片产业的导向问题也值得注意。随着近几年我国对芯片的重视逐步提高，大量芯片企业涌入市场，截止到2020年，中国的IC设计企业达到了2218家，比2019年的1780家多了438家，增长了24.6%，但中国芯片产业总体上仍然处于以低端芯片为主的状态，同时盈利能力与国际企业相比仍然有较大差距。2020年英特尔全年的芯片设计收入达到了790亿美元，而中国芯片设计产业整体的收入为590亿美元，国外一家企业的收入就超过我国整体行业。因此我国芯片产业的质效和盈利能力需要进一步的提升。当然，这并不意味着发展低端芯片毫无意义，因为低端芯片往往是积累多年生产经验、已经成熟稳定的技术，如果能在低端芯片的设计、生产、制造和销售中不断提升良品率和管理水平，并获得更多生产经验，同样能够为中国芯片产业的升级奠定良好的基础。

站在芯片的技术角度来说，作为主要用于人工智能技术体系的芯片，我们可以进一步将其进行分类。

按照技术架构可分为以下几类：

- GPU（Graphics Processing Unit），通用型芯片，具备大规模并行处理能力、灵活的编程框架，集成了高速缓存和高带宽内存，可以更快地访问和传输数据，适用于大规模的运输，目前已经具备成熟的设计和制造工艺，可以用在通用型人工智能领域。

- FPGA（Field Programmable Gare Array），半定制化芯片，具有可编程逻辑，可以由用户设计后进行重新编程和配置，具有高度的并行性，能够同时处理多项任务，同时具有低功耗、低延迟和灵活性等特点，适用于各类人工智能细分行业。

- ASIC（Application-Specific Integrated Circuit），高度定制化芯片，其硬件架构和电路设计根据实际应用需求而定，具有高性能、低功耗和高可靠性的特点，但成本相对较高，因为其设计、验证、制造和测试对时间和资金投入要求较高。该芯片适用于更加具体的应用场景。

- 类脑芯片（Neuromorphic Chip），是一种仿生电子器件，旨在模拟人脑神经元和突触的运行机制，实现接近于人脑的功能，目前此类芯片仍处于早期的探索阶段，没有形成量产。

按照应用场景可分为以下几类：

- 服务器端（云端）芯片：是部署在数据中心的芯片，主要包括CPU、GPU、FPGA等。云端芯片一般算力大、面积大，能稳定地支持大量运算，能支持不同的应用场景。
- 移动端（终端）芯片：终端芯片主要指应用在终端设备上的芯片，主要用于AI推理，比如ASIC。终端芯片对算力要求低、体积小、能耗低，一般专门用于某一类应用的具体功能，比如智能音箱的芯片用于语音识别，智能门锁里的芯片用于人脸识别。
- 边缘芯片：是集合了边缘计算的芯片，通过边缘计算的分布式计算架构，在数据产生处运算，而不必通过云端或移动端。对此有个形象的比喻，就像章鱼有八条腿，但它不需要用大脑处理所有决策，而是在腿部就近处理。边缘芯片具有算力强、应用场景丰富的优势，同时还可以根据不同的场景进行编程，常常面向工业领域。

按照具体职能来划分，可分为推理芯片和训练芯片：

- 训练芯片：用于承载“训练”模型任务的AI芯片，所谓训练的过程，就是让大数据通过神经网络模型，大量进行标记，来实现一定的功能。

- 推理芯片：用于承载“推理”任务的AI芯片，在训练模型的基础上，使用新的数据让AI实现逻辑推理的过程。

表3.1　芯片的分类

分类	内容
按技术架构	GPU FPGA ASIC 类脑芯片
按应用场景	服务器端（云端）芯片 移动端（终端）芯片 边缘芯片
按具体职能	训练芯片 推理芯片

在第八章中，我们将继续对人工芯片产业和具体案例进行深入的探讨。

案例：英特尔和AMD的芯片大战

在芯片领域，英特尔公司可以说是家喻户晓的传奇，也是科技与商业齐头并进的标杆。1968年罗伯特·诺伊斯（Robert Noyce）和戈登·摩尔（Gordon Moor）创办了英特尔公司。此前，这两人是知名的“仙童八大叛徒”的成员，由于公司的管理问题，他们从“晶体管之父”威廉·肖克利（William Shockley）创办的肖克利实验室出走，于1957年共同成立了仙童半导体公司。

戈登·摩尔还是知名的摩尔定律的发明者，该定律于1965年提出，内容是晶体管集成电路中可容纳的晶体管数目，约每隔18~24个月便会增加一倍，也就是说集成电路的性能将以指数级别增长，并且成本将逐步降低。

本身有着科研基础，又有肖克利实验室和仙童半导体等先驱公司的经验，二人在集成电路技术上积累了深厚的造诣。1968年，他们从仙童半导体辞职，正式创办了英特尔公司，次年仙童市场营销负责人杰里·桑德斯（Jerry Sanders）也出走仙童半导体，创办了超微半导体公司（Advanced Micro Devices，Inc.，通常称为AMD公司），开启了两家公司长达半个多世纪的竞争。

两家公司在早期的定位完全不同。AMD基于自身的实力，更注重市场导向，以性价比产品为核心。英特尔公司起步高端、创始人声名远扬，注重技术创新与研发。1969年英特尔公司推出了全球第一块双极型半导体存储芯片，1971年又推出了世界上第一个商用微处理器——Intel 4004，次年又推出了Intel 8008处理器，性能是4004的两倍。当时AMD在研发方面能力不足，主要依靠仿制产品生存，1976年AMD仿制Intel 8080推出了自己首款CPU产品Am 8090。原本该产品未经授权生产，但英特尔当时已经颇具市场地位，为了扩大产能，就与AMD签订了授权协议，于是AMD成了英特尔的代工厂。

凭借率先推出创新产品，英特尔在芯片行业声名大噪，而AMD仍然专注于工厂的角色。到了20世纪80年代，个人电脑产品和技术快速发展，IBM公司从商业计算机向小型化的个人计算机转型，对芯片有较大需求，于是引入了Intel 8088处理器作为微处理器。1982年，出于分散商业风险的考虑，IBM要求Intel与AMD签署协议，让AMD也成为IBM供应商。双方达成协议，Intel授权AMD生产X86系列处理器，但英特尔对AMD已经开始日益忌惮，因为当年AMD推出了自己的Am 286处理器，威胁到了英特尔的市场地位。

1986年，英特尔单方面撕毁授权协议，不再允许AMD生产自己的产品，而自己则独家生产386处理器。双方就此展开了明面上的对抗，AMD将英特尔告上法庭，但由于官司耗时长、成本高，给双方都带来了巨额经济损失。最终三年以后AMD胜诉，但英特尔消极应对，不断拖延，直到1994年才发放386处理器生产许可，但此时技术已经迭代，386早已是市场淘汰产品，因此AMD错过了多年发展时期。

1993年，英特尔的586处理器面世。为了解决一直以来造成困扰的产品名称问题，英特尔以Intel Pentium来命名处理器，并注册了商标，当时英特尔已经成为全球最大的半导体公司。同年AMD开始研发自己的处理器K3，并在三年后推向市场，不过并未取得较大的成绩。桑德斯开始意识到新的技术更新势在必行，于是1996年以6.15亿美元收购了半导体公司NexGen，并吸纳了其设计研发团队，延续NexGen Nx586的设计来开发新处理器。1997年AMD推出了K6，以高性能、兼容性、价格便宜等特色切入市场，而次年推出的K7则被认为是首次冲击到英特尔的产品，以及全球首款1GHZ的处理器。由于这次产品发布成功抢跑英特尔，所以在这次竞争中AMD首次取得胜利。

后来双方的竞争开始变得白热化，你来我往好不热闹。2003年AMD推出Opteron（皓龙）和PC处理器Athlon（速龙），在市场上火了一把。2005年又推出了以K8微架构为核心的Athlon 64 X2处理器，该产品被认为是AMD历史上最成功的产品，并在技术上具有领先优势。

但英特尔也随即发动了反击。从2005年开始英特尔开始制订“钟摆计划”（tick–tock），“tick”代表微架构的处理器芯片制程的更新，“tock”代表微处理器架构性能的更新，整个周期为两年。该计划于2007年正式发布，在它的指导下，2006年7月，Intel新一代处理器酷睿2（Core 2）横空出世，声称具有40%的效能增长和40%的能耗降低，这一产品让AMD的优势瞬间荡然无存。

AMD也开始逐渐调整战略，再次走上性价比之路。2007年AMD斥资54亿美元收购了当时的老牌GPU芯片商ATI，但这笔收购并没有给AMD带来转机，后来他们自己也承认收购价格太高，导致他们经历了一段财务困难的时期，在当时的困境之下AMD出售了自己的晶圆厂。

在酷睿2推出之后，英特尔在市场上几乎是一骑绝尘。2014年新任CEO苏姿丰入主AMD后，开启了大刀阔斧的改革之路。当时进行大规模研发面临资金紧张的问题，苏姿丰选择与中国公司天津海光合作，进行技术授权，此后又与中国南通的一家公司合作，转让了芯片封装业务。AMD从这两笔合作中获得的大约7亿美元，帮助其走上了反击之路。2017年，AMD凭借“Zen”架构的EPYC霄龙成功翻身，而此时的英特尔却因为研发进度缓慢而倍感压力。2019年以“Zen2”为架构的二代霄龙发布，AMD逐步夺回了市场。

根据路透社转载的数据，截至2022年第四季度，英特尔的市场占有率从2021年同期的71.5%下降至68.7%，而AMD则从2021年同期的28.5%上升至31.3%。虽然英特尔在市场上仍然占据主要地位，但其下滑趋势已经日趋显著。其中最重要的原因是在技术和生产工艺上并没有新的突破，此前英特尔曾因为性能上的些许改进就发布新款产品被诟病为“挤牙膏”，而依靠摩尔定律打下的江山如今面临着极大的冲击。另外，英特尔业务本身对个人电脑的依存度非常高，而在PC电脑市场萎缩、出货量下降的情况下，英特尔需要及时调整。

在细分市场上，英特尔在集成显卡上虽然颇具优势，但在独立显卡领域却难以与AMD及英伟达竞争，因此如何开辟新的市场也是摆在英特尔面前的一道难题。

寻找增长第二极是英特尔最重要和急迫的选择。

2021年英特尔老将帕特里克·保罗·格尔辛格重新回到公司担任CEO，他提出了“IDM 2.0战略”，将外部芯片代工和自行生产两手抓，同时成立晶圆代工服务事业群（IFS），自己投入芯片代工业务。但在这个领域，英特尔需要与台积电等大厂竞争，如果不加大对制程工艺的投入，那么英特尔很难取得突破，但加大投入的资金量巨大且耗时很长，也难以在短期内取得收益。因此在各个维度上，英特尔都面临艰难的选择。

2021年英特尔以153亿美元收购了人工智能芯片公司Mobiley，该公司的芯片主要用于智能驾驶领域，合作车企包括宝马、奥迪、沃尔沃、大众、福特、极氪，其在2016年前也曾经是特斯拉的供应商，不过后续不再合作。2022年该公司分拆在纳斯达克上市，但市值未能达到预期。因此，人工智能芯片业务能否成为英特尔发展的新增长点仍然有待观察。

产业价值：AIGC面临的新挑战

在实践中AIGC已经有了不少的应用场景，其中以ChatGPT为代表的部分应用已经开始帮助人们解决需求，并有了商业化发展的雏形。但是AIGC作为一种新生事物，其产业价值仍然处于孕育和孵化时期，要想实现完全的产业化并以成熟的商业模式落地，还面临着诸多维度的挑战。

技术维度。首先产业价值落地需要解决的基本问题是技术维度问题，包括技术路径和技术成熟度问题。目前AIGC已经具备清晰且明确的技术发展路径，以ChatGPT为代表的应用为AIGC的发展指明了新方向——以大模型为训练基础，不断添加参数，通过训练来提升AI的智能化水平。

但对于技术成熟度的问题，AIGC的实际能力仍有待提升。比如在技术成熟度方面，就面临诸多现实问题。比如中文语义的理解和分析，目前AIGC无法更加深刻地掌握中文的语境，尤其是涉及历史典籍、多音多义字词、一语双关等语言现象时，AIGC仍然呈无能为力的状态。再如语音生成中，虽然AIGC已经广泛应用在短视频创作中，但仍然有技术粗糙的问题。面对中文的多音字、不同的断句、中文的方言问题，AIGC技术处理尚不能达到完全替代播音员或配音演员的效果。可以说在语音生成方面，AIGC更像是读稿机器人，而对内容无法进行真正的“理解”。目前解决这个问题的方式主要是靠部分人工校对和修正，而站在更长远的角度看，AIGC应当加强对中文语义的理解。这也是为什么中国自己着手AIGC相关技术是非常必要的，因为国外巨头无法从根本上理解博大精深的中文。

换句话说，AIGC底层的技术本身就距离真正的成熟还有一定的距离，其实际解决问题的能力仍有待提升。当人工智能技术有一个前所未有的特殊之处——自我进化时，机器学习不仅会让AI学到的知识变多，而且学习的速度也会变快。比如可能在半年以前，大家还在抱怨AI绘图画不好人物的手，而半年以后不仅人物的手能画得很好，而且AI已经学会了处理图层。这个发展速度是我们现在难以预测的，因此即使AIGC技术尚不成熟，我们也不能否定它的产业价值，因为你不知道哪一天，新的革命性突破就会“从天而降”。

经济和商业维度。针对经济和商业性的问题，我们要从相关企业的发展路径来看。目前针对AIGC产业，有三种可能的发展路径：

- 大模型开发及训练，类似OpenAI。
- 大模型+垂直一体化应用，类似Midjourney。
- 调用大模型+API，开发具体应用场景。

第一种发展路径，适合于资金和技术力量足够的头部大厂，因为普通的企业或初创企业无法承担高昂的训练成本和较长的周期，也没有足够强大的技术团队。第二种发展路径适合有一定实力、寻求新业务的大中型科技企业，如果是初创企业，更适合从大厂走出来的高管人员二次创业。第三种发展路径对于初创企业来说，具有一定可行性，但前提是AIGC的底层技术已经足够成熟和普遍，成本低、速度快、稳定并且即取即用，能够在二次开发的基础上进行应用场景的深入探索。因此，经济和商业维度与技术的成长是相辅相成、紧密相关的，二者不是独立的关系。

另外一个困扰着相关企业的问题就在于应用场景，没有足够多的应用场景，任何技术都无法实现健康的商业化闭环。但这并非是因为AIGC无用武之地，相反AIGC会有很多的实际用途。但万事开头难，AIGC的应用场景将从何开始？很多企业目前在尝试AIGC的小型应用，但ChatGPT插件化的消息就已经让创新者们担心。2023年3月23日，OpenAI正式宣布了ChatGPT插件系统上线，也就是ChatGPT与第三方应用相结合，与现有的API进行交互，从而让ChatGPT的功能得以扩展。比如将ChatGPT与搜索引擎结合，能够实现更加精准的实时信息搜索和反馈，而不再是机械式地生成训练过的语句。再如，让ChatGPT帮助用户解决部分生活问题，包括订机票、订餐厅、制定行程等。当用户输入要求和限制，ChatGPT会反馈合适的选项，用户只需确认要求进行预订，ChatGPT就会完成预订的动作，这样就减少了用户在中间环节搜索的流程。

随着ChatGPT插件化的发展，目前它解决不了的问题，以后会不断得到解决。

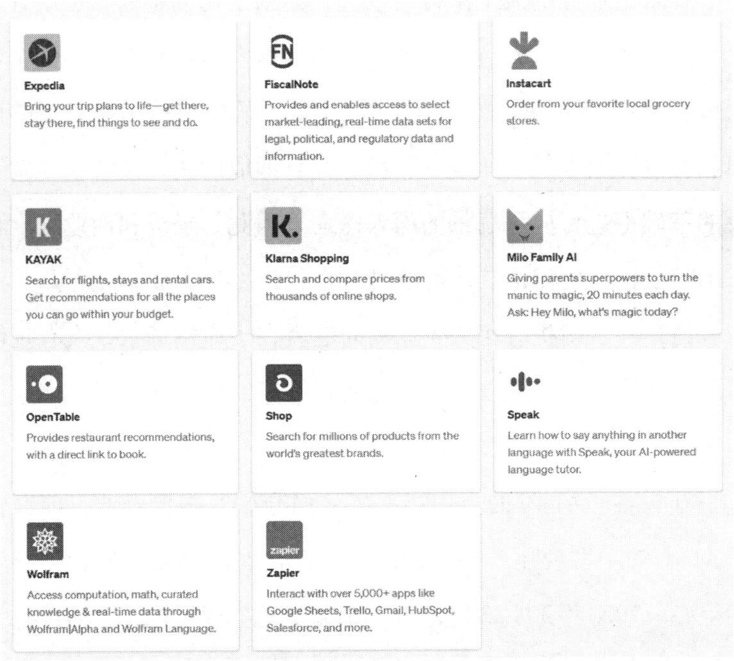

图3.5　部分参与ChatGPT插件的公司或应用

资料来源：OpenAI官方网站公开信息。

ChatGPT的插件化对于AIGC产业产生了一定影响。大量创业者和开发者担心，ChatGPT的插件化会降低市场上的创业机会，因为当ChatGPT变得更加全能之后，大量插件能够帮助用户解决绝大部分需求，那么后续的应用开发基本上都只围绕ChatGPT进行，换句话说，原本的AIGC项目可能会直接被ChatGPT取代。除此之外，由于插件是与外部应用进行对接，可能会产生一定的安全问题，ChatGPT能否保证用户的信息安全，这也是要解决的问题。至少，目前的网络安全行业需要随之进行改变。

第二篇

AIGC的产业价值与关键领域的应用

— 第四章 —

AIGC产业的发展之因

数据爆发与技术进步

数据：人工智能生长的养料

2020年我国在《关于构建更加完善的要素市场化配置体制机制的意见》中，将土地、劳动力、资本、技术、数据列为五个要素领域。数据，这个近年来大众已经熟知的概念，第一次被确认为“生产要素”，从社会管理、科技发展或数据及相关学科本身的角度来说，这都是一次变革。那么数据本身代表什么含义呢？为何在当今社会，它能成为生产要素呢？

数据是信息的归集、描述事物的符号特征、对事物存在形式的表达和呈现。数据本身能够以不同形式存在，它可以是纯粹的数字，也可以是文本或符号；它可以是对事物特征定性的描述，也可以是更加精准的定量描述。数据描述的对象也是丰富多彩的，从自然地理特征到机器的运行，从人物肖像到生物特征，数据无处不在，无所不包。

随着计算机科学的发展，互联网时代的到来，数字经济席卷全球。信息爆炸带来的是指数级别增长的数据量，因此，新的需求更加突出：第一，人们需要更加完善和先进的信息化基础设施或硬件来承载这些海量数据，以保障设备正常运行、程序运转顺畅；第二，数据作为信息的承载者，需要被分类、分析、统计和理解，人们需要在大量数据中找到自己需要的，了解这些数据代表什么、有什么作用、能够怎样帮助人们改进生产流程、提高工作效率，怎样创造出新行业或模式。因此，对数据的研究、挖掘也逐渐朝学科化、体系化、技术化方向发展。

数据科学和大数据技术，就是在此背景下产生的新学科和技术手段。数据科学通过对数据采用科学化的分析方法，将结论与实际应用场景或专业领域、技术结合起来，对数据进行查找、提取或表达。数据科学与计算机科学相结合，可应用于数据的挖掘、预测、统计、机器学习、文本分析等。数据科学是以数据为核心，以业务流为出发点，对原始数据进行收集、整理、探索、清洗、转换等一系列处理，以模型等形式输出结果。这个结果能够帮助工程师了解现象和问题，发现可以提升和改进的地方，从而改善业务流程，提高工作效率。

以数据科学为理论核心和基础逻辑的大数据技术，是以大数据为基础，使用信息化、数字化的方式和手段，对数据进行抓取、管理和处理的具体技术体系。那么，我们抽丝剥茧，仔细思考一下，大数据又是什么？又何以成为数据科学和大数据技术中的基础之基础？

大数据，即Big data这个词汇的出现是在2008年，*Nature*（《自然》）杂志在谷歌成立十周年之际发布专刊，针对当下和未来数据处理的问题，提到了“Big data”一词。EMC World 2011会议上，也提到了“Big data”这个词。我国在2015年的《国务院关于印发促进大数据发展行动纲要的通知》中，对大数据进行了官方层面的系统化定义。

大数据本身的含义可以从不同维度理解。首先，大数据可以被看成是海量数据的合集，即数据本身；其次，大数据也可以理解为对大量数据处理的能力和流程，具有明显的过程性特征，同时它对“能力”也进行了概括，具有更加抽象的含义；最后，在大数据的概念更加普世化之后，很多人也认为，大数据还包括人们在海量数据基础之上能够做的事情、开展的业务和尝试，而这些事情在数据量较小的情况下无法进行。换句话说，大数据本身的定义就具有多维度、多层次的特点，我们可以从不同的角度去理解和思考。

根据目前的研究，普遍认为大数据具备“五V”特点：

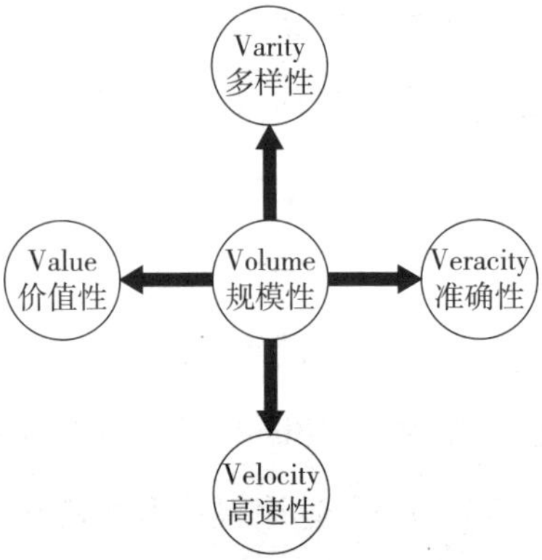

图4.1　大数据的“五V”

- 规模性（Volume）：顾名思义，大数据前提是“大”，数量足够多的数据才能给统计学提供足够的样本，帮助其分析出更加准确的结论。一般来说，大数据的Volume在数十TB甚至数百PB。

- 多样性（Varity）：大数据的多样性指的是数据来源广泛，按照数据间因果关系的强弱可以进一步划分为：结构化数据，它们之间的因果特征非常明确，比如财务、医疗数据；非结构化数据，它们之间不存在因果关系，比如视频、图片等；半结构化数据，它们之间存在较弱的因果关系，比如文档、HTML等。

- 高速性（Velocity）：大数据的高速性一方面体现在数据的传输、推广、交换的速度要快；另一方面随着技术本身的进步，对数据收集、处理、分类、反应的要求也进一步提高，从数据的批量输入到输出结果，其过程具备更加高效的特征。

- 价值性（Value）：价值性代表着大数据的内在价值和意义，通过技术手段的处理，挖掘出大数据中能够有实践意义的部分，用以指导人们的技术、管理、工作流程等各个方面。
- 准确性（Veracity）：准确性代表着数据的质量和可靠程度，只有在数据足够真实的情况下，才能支撑足够的应用价值。

在数据科学和大数据技术已然深入人心的今天，数据已经是一种生产要素，它和土地、劳动力、资本、技术一样，是生产流程进行的基础，是创造价值和产出的必然条件和手段，也是各类新技术产生和进步的基本前提。

对于人工智能而言，数据和大数据技术是必要的条件和发展的基础。人工智能的自我学习和进化是通过不断训练来实现的，就好像运动员想要取得成绩需要不断训练，以此形成肌肉记忆，在比赛中面对不可提前预知的情况进行快速的临场反应。人工智能自我训练的模型就需要大量的数据。通过机器学习和深度学习等技术，人工智能可以从数据中发现模式、规律和趋势，并基于此做出预测和决策。在此过程中，大数据通过对数据处理的过程，帮助人工智能建立起决策基础：

- 数据的收集和预处理：大数据技术能够对海量数据进行收集，然后进行清洗、过滤、处理、去重等操作，使数据符合建模需要。

- 数据的特征提取：大数据技术将从数据中提取有用的特征，包括数值、类别、文本、图像等，具体取决于需求。
- 模型的建立：常用模型包括分类、回归、聚类、关联规则等，这些模型能够帮助最终决策。
- 模型验证、应用和优化：大数据技术能够对模型进行测试和验证，确认模型准确可用，同时根据实际反馈进行分析、预测和优化调整。

这个技术过程是帮助人工智能建立起决策的过程和前提，就好像人类思维的过程。由于目前的人工智能已经具备自我学习和自我进化的能力，那么在实践中大量重复上述过程，就可以帮助人工智能进行知识的积累、反馈，这一过程我们可以理解为“训练”。因此，数据和大数据技术在人工智能技术体系和发展过程中起到了至关重要的作用。当然，只有技术层面的训练仍然不够，近几年的人工智能已经开始具备一定的应用场景和产业价值，而这是人工智能更加普世化发展的前提。

决策式AI和生成式AI

人工智能的产业化价值可以从不同维度进行分析，比如行业维度、客户维度、价值维度，也可以从人工智能的逻辑起点来进行区分——决策式AI和生成式AI。请注意，这里我们讨论的决策式AI和生成式AI均以目前的人工智能技术体系为前提，不涉及漫长的探索过程中的雏形或萌芽阶段。

决策式AI，主要是学习数据中的条件概率分布，对现有的数据进行分析、判断、预测的过程，并给出一个反馈或决策。该项技术目前已有比较广泛的应用，包括我们常见的内容推荐、图像生成、计算机视觉、自然语言处理等。比如文字识别技术（Optical Character Recognition），用户输入的图片里包含了文字，通过人工智能分析和识别里面的内容，生成可以复制的文字。这一过程涉及计算机视觉和自然语言处理，同时在一部分扫描的过程中，还涉及预处理工程技术，包括调整图像对比度，旋转对齐，进行局部裁剪、折痕和墨点淡化等。再如，购物平台上一键扫描同款物品，是根据图像信息进行识别，并搜索出同类物品；目前已经广泛使用的人脸识别，可在各种行政手续中，帮助识别和确认人的生物学特征，以核实信息的真实性和可靠性。

决策式AI技术以特定的输出结果，帮助人们简化工作程序、高效处理具体问题，提高效率、降低劳动成本。但是决策式AI是辅助性的功能，其决策能力体现在输入到输出结果的过程上，本身并不具备产生结果的能力。因此它也存在一定的局限性。

而生成式AI则以另一种技术逻辑，提升了人工智能的使用体验，其关键就在于“生成”二字。生成式AI从数据中提取各类要素，通过大模型训练，不断提升分析和决策能力，从而产生一定的创造能力，它将传统决策式AI的能力进行了延伸和扩展，让输出结果的展示更加多元化。目前生成式AI已在营销、设计、传媒等内容创作领域得以应用，其中一个典型案例是ChatGPT。

表4.1　决策式AI vs生成式AI

特征	决策式AI	生成式AI
输入	先验的规则和条件	大量数据
输出	特定问题的答案	新的、独特的数据
训练数据	根据已知条件进行推理	从数据中学习和生成新的数据
算法	推理和搜索	自动编码器和生成式对抗网络
应用	推荐、分类、规划等	图像、语音、文本等生成
示例	基于规则的系统	风格迁移、人脸生成等
可解释性	高	低
确定性	高	低
灵活性	低	高

2022年末ChatGPT突然火遍全球，人们惊讶地发现它不仅仅是一个能够与人对话的人工智能，而且具有海量数据和更强的自然语言处理能力。在大模型训练的基础上，ChatGPT能够更加自然地与用户交互，也能写诗、编写文章、敲代码等，帮助人们解决一定的问题。ChatGPT带来的冲击和思考是多方面的，一部分人担心未来部分简单、重复性的文案工作将会被人工智能取代，另一部分人则关心此类内容生成式的人工智能前路在哪里，将会发展成何种程度。

我们在思考ChatGPT之前，先聊聊AIGC——人工智能内容生成（AI Generated Content）。

内容生产方式的变化

专业内容生成（PGC/PPC）和用户内容生成（UGC）

在AIGC的概念诞生之前，内容生成已经是互联网生态中的重要内容。在互联网时代下，信息爆炸式传播，人们既成为信息的接收者、传播者，也希望成为信息的参与者、创作者，同时对信息的内容产生了更大的需求。在这个背景下，内容生成成为互联网时代的新生业态，主要方式分为两种：专业内容生成（PGC/PPC）和用户内容生成（UGC）。

专业内容生成，顾名思义，生产内容的主体具备一定的专业性，因为这部分内容生成过程往往具有较高的门槛和技术要求。比如影视作品的制作，涉及策划筹备等准备工作，从制作过程中的实地拍摄，现场管理，后期制作、剪辑、特效、音乐、灯光，到制作发行的行政手续、流程等，这一系列过程通常需要公司或团队合作完成。

在互联网时代，专业内容生成的内容也在发生变化，互联网公司通过技术和资源的整合也参与到内容生成中。比如长视频平台参与影视作品的制作，相对于传统的影视制作，这一类的专业内容生成表现出更高的适应性。比如在移动互联网趋势下，用户看电视的趋势逐年下降，而更倾向于在手机、平板电脑等移动设备上或者投屏观看视频内容，因此这些平台能够从策划阶段就开始适应用户新的观看习惯，从而打造出更加符合互联网思维的内容。比如各类网剧，由于其定位在网络平台播出、观看人群定位于习惯网络观影的人，其内容更新迭代速度要快于传统电视剧，因此网剧常常更具有“短平快”的特征，制作流程缩短、剧集整体和单集时间精简、拍摄方式简化、表达方式更加直接等，从而给观众带来全新的观看体验。

但是，这里的变化和创新，仍然没有跳脱出专业内容生成的特征，其制作门槛依然很高，并不具备“人人都能参与”的大众属性。而随着互联网平台的发展，人们对更加个性化内容的需求上升，尤其是当社交媒体出现之后，互联网生态发生了翻天覆地的变化——普通人也能够在互联网世界中展示自我、发表观点、与他人互动、受到他人关注甚至是成为某些领域的意见领袖。于是传统的媒体传播方式受到冲击，广大网民自己开始成为创作者或者内容本身。

实际上，人们的表达欲和沟通欲是在互联网满足了基本通信需求之后，挖掘出的产业新价值。早在用户内容生成诞生之前，互联网就为人们搭建起沟通的桥梁。1999年成立的天涯社区就是一个典型的例子，起初它是以情感、婚姻、家庭等话题为主的论坛，后来发展为涵盖各类话题的综合性论坛，当年在互联网上极具影响力。2003年诞生的百度贴吧，按照各种不同的主题划分“贴吧”，大家可以在不同的贴吧里与兴趣相投的人聚在一起。贴吧有标签搜索的功能，用户可以根据关键词找到自己感兴趣的帖子。在当时中文互联网产品尚不丰富的年代，贴吧既满足了人们的社交需求，又提供了一部分内容创作功能，因此很快发展成了当时最大的中文互联网社区。

表4.2　专业内容生成VS用户内容生成

特征	专业内容生成	用户内容生成
内容创造	由专业人员或公司创建，专注于质量和专业性	由一般用户或消费者创建，以个人兴趣为导向
质量	通常具有更高的质量和专业性	质量和风格不一，因用户而异
目的	专业化或商业化目的，比如品牌宣传、市场推广	主要用于兴趣、娱乐、社交等个人用途，但自媒体兴起后，个人用户内容中也会包含商业化内容
形式	图片、文字、音视频	图片、文字、音视频
版权	机构	个人
知名度	相较于个人，知名度更高	取决于个人IP影响力
可信度	由于专业性和可控性较强，具有较高的可信度	可信度和真实性可能较低，需要一定的审核和筛选

博客（Blog）的诞生是用户内容生成的另一推动力。博客的诞生最早可以追溯到20世纪90年代末，美国新闻工作者Jonathan Dube在为《夏洛特观察者报》撰写一篇关于飓风的“Weblog”文章，这是新闻媒体首次采用的博客文章。1999年“Blog”的概念开始流行，同年，Evan Williams和Meg Hourihan创办了Blogger平台，这是第一批个人博客平台，其母公司Pyra Labs后来被谷歌收购，并迁移至Google Blog。进入21世纪，博客的数量开始迅速上升，2003年著名的Wordpress诞生。经过几年的发展，文字和图

片形式已经不能满足人们的创作需求了。2005年YouTube诞生，用户能够用视频的形式发布内容，2006年YouTube已经成为全球最热门的网站之一。YouTube的诞生标志着用户生成内容开始由文字图片向视频发展，而后的十几年间，围绕着用户内容生成，YouTube上诞生了一批具有互联网影响力的网络达人，并且以投放广告业务为核心，形成了稳定的盈利模式，优秀的创作者和平台均可以取得收入。2016年YouTube上发布的视频Baby Shark Dance获得了126.2亿次的观看量，可见其影响力。

用户内容生成的爆发是互联网产品和形态变迁的必然结果，其自身的发展演变过程也促进了互联网细分市场和新业态的产生。中文互联网用户内容生成的标志性事件之一是2009年微博的诞生，微博的产品形态不同于以往的博客，它以140字以内的文字内容为主。当时微博引入了大批名人，普通人可以在名人的微博下评论留言，也可以转发到自己的主页上。互动性和社交性的双重激励，很快激发了用户的创作热情，自此“自媒体”萌芽诞生。随着中国互联网生态的进一步完善，各类平台相继推出，如2009年成立的“哔哩哔哩”、2011年微信推出的微信公众号、2012年推出的“今日头条”、2013年推出的“小红书”、2015年成立的“快手”、2016年成立的“抖音”。这些平台囊括了从文字、图片到长视频、短视频等各种内容，为用户创作提供了充足的空间。

在新的趋势下，互联网用户创作表现出了新的特点：

一是短视频作为创作模式的趋势日益明显。随着移动互联网的兴起，用户倾向于使用移动端来上网浏览信息，对视频类的兴趣大于文本信息，互联网信息交互呈现出碎片化的趋势。人们不再需要专门时间来上网，而是在等车、排队、通勤或休闲间隙时浏览手机，用户注意力逐步被打散。围绕新的用户行为特点，视频类内容朝着精简化、短平快的方向发展，以短视频为核心的内容创作逐步成为新的内容创作热点。

二是围绕着用户内容创作，形成了更加专业和完整的产业链。在产业链上游的供给端，在围绕用户内容创作的基础上，延伸出专业的网络达人从业人员和孵化机构（Multi-Channel Network，MCN），并形成了广告、电商、直播带货等多种形式的新业态。用户内容生成成为体系化的商业模式，比如一些平台的内容创作者，从以兴趣爱好为主的零散创作，开始向团队化专业创作转型，形成了更加具体的分工，虽然本质上仍然是用户内容生成，但生产方式更有效率。产业链供给端的创新也带动了不少更加垂直化的细分产业，比如为短视频平台制作音乐、特效，为直播带货提供服务等。

而在产业链下游的需求端，即广告主、品牌方等也随着生态模式的变化，采用了更加新颖和灵活的营销方式，比如拟人化、个性化的社交账号，使用网络流行语或段子与用户直接沟通、采用更加柔软和间接的方式在用户内容创作中加入广告要素，而不再寻求教育式、洗脑式的粗暴广告曝光。同时，广告主和品牌方也更加注重用户的实时反馈，针对网络舆论采取更加及时的公关和营销策略。

理解媒介：抖音为什么能成为流量之王？

在用户内容生成领域，抖音无疑是最热门和最具代表性的案例，自2016年9月上线以来，经过七年的发展，已经成为短视频行业头部产品。根据《第48次中国互联网络发展状况报告》的数据，截至2021年6月短视频的用户规模已超过8亿，占据网民规模比例超过88%[①]，而抖音的日活用户已经超过6亿。在内容产出方面，月均热点创作者超过70万，月均热点视频超过100万，月均热点视频总播放量超过4000亿。[②]

从内容产出特征来看，抖音内容的覆盖人群广、内容丰富，从娱乐节目到热点社会新闻，从知识科普到萌宠动物，抖音平台上的用户内容产出能够极大地满足社会大众的信息需求。2022年居家健身博主刘畊宏掀起了一波居家健身跳操的热潮，除了他本身作为名人的影响力，更多的是因为满足了大家特殊时期健身休闲的需求。凭借《乘风破浪的姐姐》重新爆火的王心凌，带回的是青春时代的记忆，我们好像又一次回到了那个网络不发达的时期，找回了那时清纯懵懂的自己。我们在抖音上观察社会变化、了解最新网络笑点，在他人的内容中"云养娃""云养宠"，跟随着镜头四处旅行看

① 数据来源：中国互联网络信息中心《第48次中国互联网络发展状况报告》。
② 数据来源：巨量数据《2022抖音热点数据报告》。

风景，也在抖音上学习做饭小技巧、解决生活小难题。一切似乎都可以在这里找到对应的内容。

这也正是抖音能成为当今互联网流量之王的原因。

- 用户内容生成机制鼓励更多的普通人上网展示自己，让互联网平台进一步深入下沉市场，打破不同人群间的信息壁垒。大家可以在抖音上看到自己生活圈子以外的人和事。
- 创新的算法让更多人能被其他人看到。抖音会根据点赞量、转发量、评论量和完播率等指标来判定内容是否受欢迎，并进行分发。大数据算法分配的权重，让视频走红变得相对公平，流量不再仅限于已经有粉丝基础的网络达人。
- 推荐机制让用户能更多地刷到自己感兴趣的话题。话题的集中度上升，造就了更多、更集中的热点。点赞和不感兴趣的选项让用户自己拥有选择权，用户的界面呈现更多个性化内容。
- 视频长度和播放方式更符合现在用户的需求。大部分视频缩减至一分钟以内，配合生动的背景音乐，符合人的心理需求和现在用户碎片化的行为特征。上下滑动的操作方式简单易懂，让老人和少年儿童也可以轻松使用。简单操作与精简的视频容易造成“我没有看很久”的心理感受，从而形成心理上的成瘾性和依赖性。

马歇尔·麦克卢汉的著作《理解媒介》中，将信息传递的媒介分为冷媒介和热媒介。冷媒介指的是信息传递中相对模糊、清晰度不足或信息含量密度相对低，人们需要加入自己的理解和感官来接收信息，比如电话、口头交流、看文字内容等。热媒介指的是信息传递机制更加明确，人们不需要通过更多感官即可接收信息，比如电影、照片等，人在其中不需要沉浸式参与，也不需要调动更多感官，只需要简单接收信息即可。互联网时代，热媒介更加受到人们的欢迎。比起看文字、看书需要动脑筋思考，至少需要仔细浏览来保证不遗漏内容，而观看视频则让人更加轻松。

抖音充分发挥了其热媒介的机制，其不仅在内容上将几乎日常所有的活动都搬到了热媒介上，形成全方位的吸引力，而且更短的内容、更灵活的推荐机制，能够更好地满足用户在零碎时间的内容需求，从而产生深层次的心理依赖。对于创作者而言，抖音造就不少“一夜爆红”的案例，更深刻地激励他们参与创作。因为很多时候，大家不再需要精心策划或团队合作来进行内容生产，而随手发布的内容有概率获得很高的浏览量——也就是说抖音实际上降低了用户的创作门槛，让用户内容生成这件事变得更加接地气。不管是单纯地记录生活、抱怨吐槽，还是消磨时光，又或者是想要成为网络达人，你都能找到机会，这就是抖音成为流量之王的原因。

市场需求推动AIGC新发展

流量见顶：用户内容生成的新挑战

以抖音为代表的用户内容生成平台，让我们在互联网时代看到了更多的可能。“自媒体”是我们近几年来谈论较多的一个新业态，与自发性的用户内容创作不同，自媒体具备了一定的媒体属性，也就是用户在创作之初就设计了内容的传播性和创作性。但不同于传统的媒体，自媒体的门槛较低、创作手段和内容更加多元，用户的自主选择权更大。“自媒体”这个词本身就颇具趣味，“自”代表着自己，意味着用户自己本身就能成为媒体。

我国的自媒体平台或涵盖自媒体功能的综合性平台可以简单划分成几大类别，见表4.3。

表4.3　我国的主要自媒体平台

类别	代表
图文平台	微信公众号、今日头条、百家号、网易、小红书、简书、LOFTER
中长视频	腾讯视频、优酷视频、爱奇艺、哔哩哔哩
短视频	抖音、快手、西瓜视频、火山视频
音乐平台	QQ音乐、网易云音乐、全民K歌
综合社区或专业化社区	知乎、豆瓣、微博、百度贴吧、人人都是产品经理、CSDN
知识付费	知识星球、小鹅通
网络小说	晋江、起点、番茄、塔读、七猫
音频	喜马拉雅、荔枝

这些平台应用构成了完善的用户内容生成体系和细分市场，为网民提供了丰富的内容来源，为自媒体从业人员和创作者提供了不同的内容分发渠道和功能定位，形成了完善的用户内容生成生态。随着平台的不断优化和创作门槛不断降低，越来越多的个人用户涌入自媒体赛道，导致网络的用户内容生成行业生态发生了一些变化：

首先，网络流量增长见顶。2021年6月我国网民数量达到10.11亿，互联网普及率达到71.6%，其中99.6%的网民使用手机上网。因此对于自媒体而言，内容赛道的增量市场已经转变为存量市场，因为在仍未普及互联网的人群中涉及婴幼儿、低龄儿童和高龄老人等特殊群体，难以形成明显的用户增长。因此，新媒体赛道竞争更加激烈，用户内容生成的创作者们需要提供更加优质或垂直的内容，才能形成影响力。

其次，随着信息量的增长，网络上的内容生成产业面临着较大的挑战。平台的便利性和高传播效率造成了网络信息的鱼龙混杂。比如利用图片PS手段，短视频剪辑、拼接和后期配音等方式传播虚假消息，普通用户难以直接识别；再如人工雇用他人来为自身内容评论、点赞、转发，表现出“虚假繁荣”的景象，俗称“水军”。对于涉及商业推广的内容而言，“水军”无疑侵犯了消费者知情权，此类现象甚至还形成了线上线下联动的灰色产业链。

同时，部分创作者为了在更加激烈的流量竞争中拔得头筹，也开始采用一些非正常方式。比如一些采用极端方式作秀的网络达人，通过不适合大众传播的内容吸引注意力。又或者，为了更快生成内容，部分创作者直接参考他人内容，除了直接抄袭之外，还可能采用换汤不换药的“洗稿”方式，利用网络知识产权判定的难点实现内容的缝合。还有一些创作者抓住人们关心社会的心理，故意创作争议性内容，以此引发广大网民热烈讨论，从而实现账号关注热度的提升。

这些新的现象是用户内容生成在网络上兴起之时所不曾料想的。比起以往专业化的内容生成，用户内容生成得良莠不齐，加上平台算法优化加快了其传播速度，让这些有害内容在网络上被放大，形成了实质上的影响力。2022年我国展开了“清朗”行动，对网络乱象进行了专项整治，目的是让网络环境更加规范，保护用户的合法权利，提供更好的用户体验。

在流量见顶的今天，部分“唯流量论”的自媒体造成了这些乱象，但深究其背后的原因，又涉及另一个关键问题：在流量见顶的今天，互联网内容生成如何取得新的突破？这个问题实际上应当交由技术来解决，这就是AIGC产业需要起到的作用——通过技术手段，突破目前互联网内容创作的瓶颈；创作出更多新内容，同时进一步降低创作门槛，让更多人参与进来；利用模型训练，规范产出内容，从源头解决目前存在的问题。

延伸阅读：MCN与用户内容生成产业化

MCN（Multi-Channel Network）源于美国的YouTube，是专业内容生成（PGC/PPC）和用户内容生成（UGC）融合衍生的产物。与传统的PGC相比，MCN更具灵活性，因为一部分MCN是以网络达人个人IP为基础延伸形成的，兼具UGC和PGC两种属性，相较于纯粹的用户内容生成更具有专业性和商业变现能力。另外一部分MCN，则来自于传统媒体的转型、品牌企业内部孵化和内容分发平台的孵化，因此对产业链有更加深刻的理解。

MCN的发展经历了三个不同的阶段，第一阶段，以PGC形成“流量分成+广告”的形式，在专业内容生成平台中植入广告，并按照实际流量情况分润，这一阶段商业模式相对单一。第二阶段，MCN机构逐渐形成规模，并将个体网络达人整合纳入体系中，使UGC与PGC相互融合，以个人IP为核心，打造“广告+流量+分成+卖货”的新商业模式。在自媒体浪潮下，MCN引领的网络红人经济开创了全新的用户体验，达人们在日常Vlog中植入品牌内容，拉近了与普通网民的距离。他们所传播的内容，也不再是传统广告的刻板化展示，而是更加生活化，以柔软的方式直击人心。第三阶段，MCN本身也随着内容的多样化而转型升级，开始专注更加垂直细分的领域，比如电商MCN、内容MCN、直播MCN等。这是因为用户对内容质量的要求提升，传统MCN已经难以做到面面俱到，因此MCN的转型本质上是内容生态的变化。

从PGC、UGC到AIGC，不只是工具的进步

从PGC到UGC，内容生成形式的变化伴随着商业模式和业态的变化，以MCN带动的网络红人经济，已经成为数字经济产业中的重要一环。就像移动互联网时代，各种App的产生既源于技术进步，也源于人们的具体需求。早期互联网发展时期，并没有导航软件、生活服务软件，而到了移动互联网时期，用户数量增加、此类需求日益显著，而应用开发技术和信息通信服务也足以承载数据，于是各类App应运而生。

从产业的角度来看，AIGC不只是技术成熟和市场需求多重因素作用的产物，更是互联网生态和用户习惯变化的具体体现。作为网络购物者，我们厌倦于千篇一律的机器人触发关键词回答，因为有时候既没有解决问题，又无法安抚情绪；作为普通的手机用户，我们反感智能外呼机器人打来的电话，我们想回复一句“下次不要再打了”，可是眼下的外呼机器人不会理解，更不会遵照执行；作为游戏玩家，我们不再满足于人物单一的对话，我们想要游戏世界里的小人能更加贴近生活、贴近我们的心灵；作为普通网民，我们常常在搜索引擎罗列出的结果中迷失自我，浩如

烟海的信息流仿佛流沙一般，容易将人卷进去。

科技不是冷冰冰的机器，而应该是人的本真和美好生活的另一种形式。小时候，我经常在父亲出差回家时，去翻他的公文包，期望他能给我带点外地的小礼物。而现在，电商的发达让我们直接在手机上选好下单就行，小时候好几天的期待，变成寥寥几秒。青少年时期，情窦初开的孩子们用稚嫩的文笔向心里的那个人递交心意，他小心翼翼地写着，一笔一画，如今的告白只需要一个发送键，或是某条短视频评论区的一个@键。很多流程被减少了，很多心情也被搁置了。

如今我们期待AIGC的发展和落地，不仅仅是期待一个新的工具，而是希望科技在进步的同时也更加多元和丰满。我们在拼命赶路过程中遗忘了窗外的风景，AIGC是否能帮忙找回？当然，我们现在就期待AI能够充满温情和同理心，可能还为时尚早，但未来已来，AIGC能否带来更人性的内容，我们拭目以待。

— 第五章 —

AIGC目前的应用与实践

从目前的情况来看，AIGC已经有了不少的应用实践。就好像人类的思考能力和感官，AI目前的应用主要在于文本生成、音频生成、图像生成与AI绘画、视频生成、多模态生成和虚拟人等。

媒体类应用

文本生成

2022年ChatGPT的能力让全世界眼前一亮，因为如果ChatGPT或其他的AIGC应用工具能够真正作用于文本生成领域，那么将会把人类从繁重的写作任务中解放出来，极大地释放生产力。所谓的文本生成，并不是由AI进行天马行空的创造，而是由人输入一定的数据和信息后，根据指令和要求，由AI进行输出，具体内容包括：文章的续写、摘要或标题的生成、文本风格的修正、整段或整篇文字的完整输出等。

目前，人们希望AI能够顺利完成的是可控文本生成任务，具体来说，就是不但能够输出内容，还能够符合我们的期望和要求。比如说在ChatGPT中输入“请生成一段领导讲话”还不够，我们可以输入“请以企业CEO的口吻生成一段演讲，用途是新公司开业仪式”。我们输入的指令就包括了说话人的身份、讲话的内容和讲话的场合，那么ChatGPT输出的内容就应当是以类似“尊敬的各位领导、来宾”等敬语开头，如果不是，则说明它没有完成输入的指令。

当然，ChatGPT的推出已经证明了文本生成技术已然成熟，但我们也要看到，由于人类语言的复杂性，AI要想完全形成类似于人的语言能力，仍然有很长的路要走。

首先，文本生成应用中还需要融入对知识、常识的理解。其次，文本生成还涉及很多文本以外的因素，比如中文的一语双关、文化常识、历史背景甚至是现在的网络语言的引申等。同时，对于较长语段的生成，AI的处理能力还有待提升。

从技术上来讲，这个问题是可以解决的，通过上文来预测下文的方式，输入一定文字，AI依据现有的常识库进行检索，从而根据上文形成下文。比如我们输入“白日依山尽”，由于该句子已经在AI常识库里面，因而它能得出下句“黄河入海流”。但这种方式存在的问题是比较“死板”，就是输入结果受到知识库范围的限制，如果AI没有足够大的知识库，那么它就显得比较笨拙，而提高知识库覆盖范围计算成本又非常大。另一种方式是，根据已输入的历史信息，让知识生成模型（knowledge generation）生成知识信息，文本生成模型（response generation）形成符合逻辑文本的结果。比如说用户输入“我想买一束花送给我的妈妈”，根据常识分析，了解“花”是什么东西以及它有不同的种类之分，而文本生成模型则分析出“送给妈妈”这个动作需要一些要素拆解，比如购买的方式、花的样式选择、配送时间和地点。这样它就具备了一定的思考能力。

虽然文本生成目前在技术上有待进一步提升，但其和现有的应用场景相结合，能够产生商业价值：

- 智能研报：以大量的金融数据作为基础，将大数据技术与AI文本生成技术结合，能够对海量的金融数据进行分析和处理，自动生成市场分析、预测等方面的信息。类似的研究报告，除了应用在金融领域，还可以和医疗、教育等领域相结合，帮助从业人员更好地了解行业状况。
- 结构化文本撰写：以相对固定的数据或文本范式结构，生成应用于具体场景的结构化文本，比如体育新闻、公司内部行政通知、领导讲话等。美联社于2014年开始就使用Word Smith（一款AI程序）来撰写财报类的新闻稿件，而我国的新华社也于2015年起使用AI程序“快笔小新”来撰写部分稿件。
- 创作型文本生成：相较于结构化文本，创作型文本具有更高的自由度、开放性和内容创意水平，甚至需要AI生成的内容突破人类的创意，或至少为人类的写作提供灵感，目前应用场景包括：小说及长文续写、剧本创作等。由于目前的技术水平仍然没有突破文本层面去深度掌握语义和文化环境，因此距真正的长篇内容创作仍有一定的距离，但它是未来AIGC在文本创作层面的一个重要发展方向。

- 文本辅助生成：文本辅助生成功能包括采集信息素材、文本素材预处理、自动聚类去重等，人类可以不依靠AI完成全部的文本撰写，但是可以用它来解决内容创作中的素材问题，尤其有助于学术类文章的查重、语言组织、素材梳理等。

音频生成

音频生成是使用人工智能来合成音频材料，可以用于音乐创作，有声书内容创作，视频、游戏背景音乐制作及配音。AI音频生成的使用，能够极大地降低背景音乐的版权费用成本、配音演员的雇佣成本，同时能够方便用户修改、二次创作等，具有较高的灵活性和便利性。具体来说，音频生成包括以下几种类型：

- TTS（Text-to-Speech）场景：目前TTS在AIGC技术应用中是相对成熟的部分，已经具备广泛的应用场景，包括：电话及网络智能客服、音频配音制作、有声读物制作、导航软件播报、教育服务等。

案例：科大讯飞[①]

科大讯飞成立于1999年，是一家以人工智能技术为核心、以智能语音为核心业务的科技公司，一直致力于智能语音、自然语言理解、计算机视觉等技术的研发和应用。其产品线包括语音识别、语音合成、语音扩展、自然语言处理、图像识别、文字识别、人脸识别、定制套件、AL Lab、医疗服务、平台服务、基础服务、AL SaaS等，同时还提供讯飞智能办公本、讯飞录音笔、翻译机等硬件产品。

科大讯飞是我国人工智能领域的一个典型案例，其发展既能代表人工智能技术的进步，也反映了我国人工智能产业和市场的变化。1999年刘庆峰和十几个中科大的学生一同创办了安徽科大讯飞信息科技有限公司。彼时中国的个人电脑并不普及，而互联网行业也处于萌芽阶段。科大讯飞针对大众不会使用电脑的问题，推出了“畅言2000”，以人工智能语音为基础，帮助用户语音输入汉字和操作指令。但这款产品让公司亏损了2000万元，因为在2000年，大家连电脑都还没有用明白，语音的使用听起来像“天方夜谭”，属于高级但用不上的功能。

① 邢瑞恒，李梓健．科大讯飞公司竞争战略研究[J]．现代商业，2023(03):27-30.

陷入困境的科大讯飞来到了命运的十字路口，当时大家对公司业务方向各执一词，刘庆峰却坚持继续做语音。既然C端在当时被证明无需求，那么就转型做B端，科大讯飞与华为开始合作。到2004年科大讯飞将语音识别技术用在了官方的普通话考试上，就此找到了应用场景。2000年，手机推动了更多通信需求，彩铃成为当下流行，科大讯飞顺势推出了“声动炫铃”业务，让用户能够选择个性化的彩铃，该系统被三大运营商采用，成为了全新的业务增长点。此后科大讯飞进入发展快车道。

2010年以苹果手机为主要载体的Siri上线，首次让社会大众直观地认识人工智能语音的概念。同年，科大讯飞推出了中国首款语音输入，识别准确率高达98%，并支持22种方言输入。2012年，科大讯飞推出了讯飞语点，这是一款安卓版本的语音助手。2014年，科大讯飞启动了“讯飞超脑计划”，系统性地开展人工智能领域的长期研发。2016年，科大讯飞推出了翻译机，后来成为北京冬奥会和冬残奥会的独家供应商。2022年，科大讯飞对外介绍了“讯飞超脑2030计划”，制定了更加长远和深入的发展目标。此时，距离科大讯飞进入人工智能行业已经过去了二十多年。

科大讯飞深耕人工智能行业，并取得了丰硕的成果，除了注重长期技术研发和投入外，更重要的是在不同领域进行尝试，并将人工智能技术实际落地，帮助用户解决实际问题。

科大讯飞曾经针对某城市政府服务热线的巨大需求，提供了智能机器人服务。他们在系统中设置了服务菜单，针对高频、常规来电问题快速回复，大幅降低人工客服的工作量，从而让人工客服有精力处理更加复杂的请求，极大地提升了服务质效，提升了市民服务体验。科大讯飞类似的服务还有智能坐席助手、智能回访机器人等。

科大讯飞于2008年在深圳证券交易所上市，它在技术和商业上的成功，证明了人工智能领域的市场需求，也证明了人工智能技术型公司在商业模式和产业落地上是能行得通的。当然，科大讯飞创立和发展之初，人工智能市场和技术均未成熟，面临极大的不确定性，包括市场风险和资金压力。在当时的背景下，科大讯飞坚持战略导向，没有因为外部风险而摇摆。这些经验对于准备入局人工智能领域的创业者和初创企业来说，是非常值得借鉴和参考的。

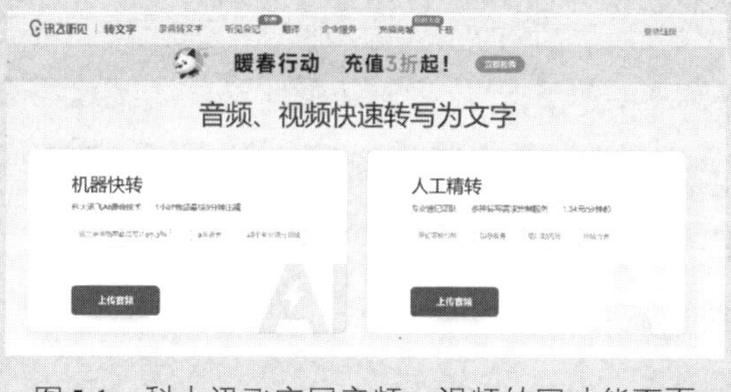

图5.1　科大讯飞官网音频、视频转写功能页面

资料来源：科大讯飞官网，https://www.iflyrec.com/zhuanwenzi.html.

对于消费者来说，科大讯飞最知名的产品包括音视频转写，硬件类的录音笔、翻译器等，但实际上经过了二十多年的技术和市场经验的积累，科大讯飞早已形成了以AIGC为代表的全体系人工智能产品和服务。

- 音乐创作：在音乐创作领域，AI可以用于词曲创作、编曲、人声录制和混音等部分，从而帮助音乐人制作母带、创作音乐专辑等，该应用场景将极大地降低应用制作成本和行业门槛。

案例：DeepMusic

DeepMusic是一家年轻的公司，创立于2018年，是国内第一家以AIGC技术进行音乐制作的公司，主创团队均来自清华大学。创始人刘晓光在清华大学就读化学专业时，跨界做了音乐制作人。当时随着短视频等网络平台的爆火，对背景音乐的需求也在上升，但是不同于文本、声音等相对成熟的AIGC应用，音乐制作领域尚无广泛使用的技术，因此仍然具备较高的创作门槛。对于没有接受过专业音乐教育、缺乏乐理和乐器知识的人来说，制作音乐是一件遥不可及的事情。因此，他们萌生出用AIGC来解决制作音乐问题的想法。

图5.2 DeepMusic音乐技术介绍

资料来源：https://www.lazycomposer.com/technology.

AIGC处理音乐的思路是通过人工智能进行数据校准，将音乐知识和信息解析出来，也就是让AI具备听懂音乐的能力。DeepMusic在此基础上做了大量的工作，对大量音频文件进行分析，并将相关的乐理知识转化为训练模型的数据库，从而实现音乐的准确识别。同时，DeepMusic研发了音乐引擎“Mutrix”，以多模态模型的方式进行训练。

目前，DeepMusic的技术体系已经被QQ音乐、全民K歌等多个成熟的音乐平台采纳，帮助他们进行大量音乐的自动校准。在公司发展层面，2023年3月DeepMusic宣布获得并完成A+轮融资，由GGV纪源资本领投，丰元资本跟投，金额将近千万美元。据悉，该笔融资将继续用于技术研发和海外市场的拓展。

从音乐类AIGC的技术逻辑层面来说，直接用于普通用户仍然具有一定的难度，更多的还是在产业链上游的生产端的应用，距离广泛应用尚有距离。DeepMusic在普通音乐应用上也进行了一些尝试，比如音乐创作类应用和弦派已进行内测、音乐社交产品音梦岛、已上线的口袋乐队等。

图像生成和AI绘画

AI图像生成的原理并不是训练AI成为一名艺术家，而是通过模型的训练来理解图像，并且提取其特征、样式和结构，通过算法将人输入的关键词指令融入到新的图像当中。其中的核心算法包括生成式对抗网络（GAN）和卷积神经网络（CNN），前者能够根据输入的信息生成新的数据，后者能够将输入的图像转化为另一种风格的图像。

AI图像生成技术不仅包括自然语言转化为图像，也包括图像转化为文本，即输入图像后获取相关的图像描述，这就要求AI具备识别图像的能力。图像字幕技术（Image Captioning）就是将图像输入神经网络，然后进行视觉特征的提取，并生成描述这些特征的单词序列。这就像是人类眼睛识别物理世界中的物体一样。

案例：快速走红的Midjourney

Midjourney是一家初创的小企业，最开始仅有11名员工。这家公司因为其生成的绘画作品在数字绘画的比赛上获奖而引发热议，从产业价值的角度来说，算得上AIGC产业的一个典型案例，尽管这个产业从宏观产业链到微观的企业都仍然在生长发育中。

Midjourney的创始人David Holz是一名连续创业者，其在高中时期尝试做过设计方面的工作，大学时期学习物理和数学，在博士时期攻读了流体力学。他曾经创办了一家科技公司Leap Motion，主要生产和销售一种传感器。这种传感器可以支持手或手势动作无接触向计算机设备输入指令。2016年该公司还开发出虚拟现实的手部追踪软件，2019年公司出售给英国Ultrahaptics公司，新公司更名为Ultraleap。

David解释说自己想寻找不同的环境，而不是乐于创办一家受资本青睐的科技公司，于是他离开了自己亲手创办并经营了12年的公司，创立了Midjourney。David认为，AI领域有两个突破促进了图片生成工具的诞生，一是AI理解语言的能力，二是AI创作图片的能力，当二者结合起来的时候，蕴含的创造力是无穷的。

Midjourney目前可以通过社群Discord来使用，各位创作者也可以将作品放到社区中。公测版Midjourney在2022年8

月上线，据悉上线一个月后就已经实现了盈利，截止到2023年4月，Discord平台上Midjourney服务器的累计用户为1482万，同一时间在线人数超过150万，而公司全职员工为11人。目前该公司没有公开对外融资。

作为一个诞生之初就已经取得成功的图片生成AI，Midjourney并不是类似于ChatGPT的大模型，而是走“小而美”路线的小模型。他们初创时期只有11个人，并且没有进行任何外部融资，其成功的原因包括：

一是图片生成类的模型训练成本相对较低。据创始人David介绍，他们主要使用的数据基本上来源于网络。二是Midjourney搭建在社交网络Discord之上，后者已经具备成熟的社区模式、大量的用户基础以及共享的网络生态。用户在Discord上互动和反馈，可以帮助Midjourney更好地改进算法。三是目前Midjourney已经采用M5模型，具备相对较低的入门门槛，用户只需输入关键词对绘画内容进行限定即可。不少人在调侃，未来的画师将转型成为“人工智能关键词输入人员”。

当然，Midjourney并不是完美无缺，它也存在一些潜在的问题。首先是版权问题。Midjourney是采用网络图片作为训练数据的，其中是否涉及版权问题目前尚没有明确的规定和定论，目前也没有法律来保护AI生成的图片的版权，因此在管理问题上，仍然存在空白。其次是OpenAI的DALL-E2模型。由于具备大平台的资源、入口和更大的模型训练量，未来有可能成为Midjourney的竞品。

视频生成

目前，针对视频生成技术及其应用，有两种探索路径：一种是以谷歌为代表的文本直接生成视频，目前仍在探索当中；另一种是根据现有视频二次创作或者合成形成新的视频。第二种路径目前已有相对成熟的落地项目及商业模式。

谷歌在视频生成方面主要着眼于“文本—视频”模型。2021年谷歌的Google Research发表了一篇论文《Imagen Video：高清视频扩散模型的生成》（*Imagen Video：High Definition Video Generation with Diffusion Models*），其目标是形成“文字—视频”的应用功能，这和AI视频合成或剪辑有本质区别。使用级联扩散模型，用户可以首先输入一串文本Prompt指令，并使用T5将其编码为文本嵌入，然后以较慢速度生成一个较低分辨率的粗糙视频，最后由时间超分辨率（TSR）和空间超分辨率（SSR）模型对粗糙模型进行采样，生成高清视频。

2022年谷歌又发表了论文《Phenaki：基于开放领域文本描述的可变长度视频生成》（*Phenaki：Variable Length Video*

Generation from Open Domain Textual Description），新模型Phenaki的原理是利用双向Transformer模型对文本描述进行处理，生成视频的指令（token），再对指令进行解码，最终形成视频。

2023年3月20日Runaway公布了模型Gen-2的使用申请。Runaway的第一代模型Gen-1主要是使用现有视频素材生成新视频，而Gen-2据称已经有了新的突破，能够将图像或文本提示的构图应用于源视频，用以制作新视频，即“视频—视频”。目前Runaway能够实现视频生成、画风转化、渲染、文本修改等多项功能。在商业模式方面，Runaway目前采用的是分级收费，基础功能永久免费，标准版、进阶版按每人每月付费，企业版需要定制付费。另一款落地应用Deepfake，则深耕于视频生成的分支——人物的融合，利用深度学习算法和图像处理技术，用户上传人物的源视频和需要融合的目标视频，即可形成“换脸”的新视频。

案例：腾讯智影

在“2023新榜大会”活动上，腾讯正式推出了“腾讯智影”，这是一款基于AIGC的剪辑平台，功能包括视频剪辑、文本配音、数字人、视频审阅、字幕识别、智能横转竖、智能变声、视频解说、文章转视频等。

其中，文章转视频是通过用户输入文字，由AI对素材库的视频内容进行识别和匹配，并自动生成符合用户要求的视频。数字人功能则能够让用户通过输入文字或音频，形成数字人内容，里面包括一些定制化服务，并能够用数字人进行直播。

腾讯智影的功能规划与现在的自媒体内容高度契合，能够极大地提高内容创作效率，它在某种程度上也反映了目前AIGC应用落地的思路：选择最可能落地的应用场景，打造集成式服务平台，最大限度地提高用户内容创作的效率，降低创作门槛，提高用户黏性。

图5.3　腾讯智影功能页面

资料来源：https://zenvideo.qq.com/.

就实际体验而言，腾讯智影部分功能的准确度仍然有待提升。但就产品规划和设计而言，腾讯智影能够为类似AIGC产品提供参考。

多模态生成

多模态生成指的是不同信息表现方式通过AIGC技术互联互通、互相转化的过程，就像人的感官能够看见、听见、闻到、摸到，多模态生成技术能够让人工智能具备生成文章、图像、视频等多项能力，并进行输入输出的转换。比如我们输入文字发出指令，然后AI生成对应的图片，或者我们输入一篇文章，要求根据文章内容生成一段视频等。

多模态生成的技术过程，就像是模仿人的创作过程，需要思考、搜索和整理素材、形成逻辑结构，最终形成文字、图片或音频视频的成果输出。其中素材方面，人工智能的素材可以是在已训练出的能力之上，自己生成的素材，也可以是人为给予素材，然后人工智能进行技术处理。

我们在前文探讨文本生成图像的部分时，提到过输入文字，然后人工智能生成图像，这个“文本—图像”的过程其实也是多模态生成的一种，二者之间的关系本质上是两种技术属性的关系，多模态生成是更加基础的技术。就好比建设大楼，多模态生成技术就类似于工程勘探技术和建设基地的技术，而图像生成技术就好比建设楼层的技术。图像生成，包括其他AIGC技术，需要以多模态技术为基础来生成结果。

案例：紫东太初

紫东太初是中科院自动化研究所发布的多模态生成平台，于2021年正式发布，是全球首个三模态预训练模型（OPT-Omni-Perception pre-Trainer），它以千亿级别的模型为基础，能够协同处理视觉、文本、语音三个要素，能够完成跨模态检测、视觉问答、语义描述等任务。紫东太初在ACM Multimedia国际多媒体大会、ICCV国际计算机视觉大会上均取得了优异的成绩，已经具备较好的多模态生成能力。

在2021世界人工智能大会（WAIC）昇腾人工智能高峰论坛上，中国科学院自动化研究所所长徐波正式公开介绍了紫东太初，并且展示了搭载模型的虚拟人小初。小初能够理解所长口头发出的指令，并理解视频内容，现场所长让她观看了一段纺织生产的小视频，并请她说出听到了什么。小初回复说她听到了纺织中有线头断掉的声音，也就是说，紫东太初模型可以在生产质检中起到一定作用。

不仅如此，紫东太初的基础模型已开源在MindSpore，后续中科院自动化研究所将会对其进行大模型开源，并与企业、科研院校合作进一步提升它的实用性。未来它将在更多工业生产等实体经济应用场合中发挥作用。

总体上说，多模态生成技术距成熟的应用场景仍有一定距离，除了工业化生产领域，还可以从自动标注字幕、自动生成图片解说、图文索引、视觉定位、视频抠图等更多细分的具体领域进行尝试，挖掘出更多产业价值。目前，多模态生成可以用于虚拟数字人，并已有部分落地案例。

多模态生成技术：虚拟数字人

虚拟数字人指的是人们在计算机等虚拟世界中，通过计算机图形学（Computer Graphic，CG）等技术手段创作出的虚拟人物形象。有时候虚拟人会被赋予一定的特质，比如年龄、性格、外观、个人经历和观念等，在视觉和情感关系上拉近与人们的距离，在不同的场合中给人们带来更加生动的互动体验。

AIGC技术体系下的虚拟数字人，并非仅仅是利用视觉技术产生的动漫、电影、游戏形象，而是融入文本、图像、音频生成等技术，不仅让虚拟人看起来更加逼真，也能让其行为、动作和语言表达更加接近真实的人类。虚拟数字人能够帮助人们承担一部分沟通工作，比如虚拟客服、虚拟主持人、虚拟偶像等。

虚拟数字人有三个核心要素："虚拟""数字"和"人"。其中虚拟代表着应用场合虚拟化，与我们现实的物理世界区分开来，包括视频、游戏、直播、动画等；数字代表着数字化的技术手段，以"CG建模+真人驱动+多模态技术、深度学习"等，形成一套"外观+动作+内在"的技术体系，CG建模帮助虚拟数字人完成外观设计，真人驱动利用真人动作的捕捉技术，让虚拟数字人具备活动能力，而人工智能多模态技术、深度学习等，则让虚拟数字人具备思考能力，能对真实人类输入的信息做出分析、判断和预测，并做出不同的反应，从而形成有意思的互动。

目前，虚拟数字人出于技术的原因尚未形成足够的智能水平，距离类似人类的水平仍有差距，尚未完全形成通用助手型的虚拟数字人，大部分用于宣传、展示和解决部分常规问题，比如小冰、小爱同学等，主要以特定企业或产品为依托，作为虚拟助手角色存在。但虚拟数字人并非没有商业化的实践，以虚拟偶像为代表的虚拟数字人已经引发了一波时尚热潮。

案例：虚拟偶像引发新的时尚浪潮

虚拟偶像不同于虚拟助手，它不具备具体的服务职能，而是以一定的IP内容为依托形成的类人格化的人物形象，比如早期的洛天依、初音未来。

虚拟偶像通过IP的打造、直播或表演等方式，实现其商业价值。比如，美国洛杉矶的虚拟网红Lil Miquela，是一位多国混血的模特和音乐人，她目前在社交网站Instagram上已经拥有了超过200万粉丝，2021年收入超过1000万美元。相较于真实的人类偶像，这些虚拟偶像能够拥有毫无瑕疵的外表，并且不会随着年龄增长而变化。他们不会恋爱、结婚生子，不会做粉丝不希望看到的事情，也不需要休息，能够以“24×7”的方式呈现在大众面前。当然，他们也有自己的“主营业务”，Lil Miquela作为模特，要为不同的品牌展示服装、与时尚业深度合作进行线上营销，利用强大的网络影响力形成商业收益。

类似的例子还有韩国网红Rozy，她青春靓丽、永远22岁，她拥有自己的单曲和商业广告，还与真实的人类明星共同出席活动。她的定位是时尚、活力，代表着Z时代人群追求个性的新生活方式。在中国国内，虚拟偶像翎_Ling，上电视台表演过节目、上过时尚杂志*Vogue Me*，甚至在与特斯拉“特邀体验馆”合作的宣传片上线12小时内，浏览量突破了3000万。除此之外，翎_Ling还和其他众多知名品牌进行合作，参加各种营销活动。

虚拟偶像产业的发展，不仅是技术导向的结果，它的背后还有一支运营团队，并正在逐渐形成产业链。虚拟偶像目前的运作方式，一般是MCN或真实艺人的经济公司同技术公司合作，由前者进行虚拟偶像的形象人设打造、活动运营方案设计，搭建虚拟偶像的基本思路，包括从年龄、形象、性格到与真实观众的互动方式等。技术公司提供具体的技术支持。虚拟偶像与其他IP一样，具有生命周期的属性，因此虚拟偶像的孵化期、成长期和商业变现期都要有精心的设计和运营。

当然，虚拟偶像也存在一定争议，包括它们是否能真正替代人类偶像的精神内核、互动体验以及真实的情感价值，在商业层面，它们是否真正值得粉丝和消费者买单，这些都是很多人在质疑的问题。但是毫无疑问，虚拟偶像为线上文娱产业带来了新的创意和收益。

辅助编程

AIGC本身作为计算机技术的产物，能够通过大模型的推理结果，形成辅助写代码的功能。比如，ChatGPT可以在程序员给出一些指令后，撰写代码。但目前它只能以反馈结果的形式提供代码，还不具备自己直接生成代码的能力。

除了常规的写代码、检查代码或给出意见之外，AIGC还可以被用于制作低代码平台。所谓低代码，是一种软件开发范式，指的是使用图形用户界面和模型驱动的逻辑来简化应用程序开发，以尽可能减少代码的使用。

目前已经有一些低代码开发平台，比如Microsoft Power Apps、Mendix、Appian、OutSystems和Salesforce Lightning等。在这些平台上，用户可以像拼乐高一样制作App，将功能板块排列组合，搭建模块接口。用户不需要具备很深厚的计算机知识和写代码的能力，而更需要具备逻辑能力和设计能力。低代码平台的诞生，标志着未来计算机行业底层技术开发方式将发生变化，AIGC可将底层代码提前设计好，或者至少提前设计好框架，程序员要做的更多的是将它们组合起来，并进行调整。甚至具备一定技术能力的应用公司，能够自行开发App。

案例：炎黄盈动发布首个AI低代码平台

北京炎黄盈动科技发展有限责任公司成立于2003年，是一家低代码和BPM PaaS服务商。其AWS PaaS平台以Low-Code（低代码）、BPM、集成、移动化为核心能力。炎黄盈动早期（2003—2011年）专注于业务流程自动化（BPA），之后（2012—2016年）开启了低代码和BPM PaaS（PaaS，Platform as a Service，平台即服务）业务的发展。2017年之后成为头部低代码及BPM PaaS供应商。

2013年获得淡马锡全资子公司祥峰投资中国基金A轮融资2250万元，2021年获得金山办公A+轮融资，2022年获得蓝江投资、光云科技B轮融资。

2023年3月9日炎黄盈动发布了中国国内首款AIGC低代码平台“易鲸云”，采用低代码的开发方式，极大地降低了开发的人力成本和技术门槛。利用AI赋能低代码业务思路，炎黄盈动长期在MDA（Model Driven Architecture，模型驱动架构）技术上的积累，使他们在MDA与AIGC上找到了一个交叉融合点进行突破。

除了实现App的各类基本功能之外，通过易鲸云还可以快速定制互联互通的业务流程，帮助无技术能力的企业实现数字化转型；快速搭建智能数据分析场景、打通数据和业务流程。易鲸云提供一些应用场景的模板，包括Sales CRM、项目管理、人力资源管理、客服工单等，涵盖了企业常见需求，并提供解决方案。

比如，用户可以针对自身企业的具体需求，选择易鲸云的模板，对业务流程、表单、业务对象和数据窗口进行全面设计，并通过报表视图形成可视化的成果展示。易鲸云还入驻了钉钉的工具集成平台，与钉钉的其他功能形成了完善的数字化生态。

图5.4　易鲸云低代码平台功能示意

资料来源：易鲸云低代码平台试用版后台。

利用易鲸云的功能，用户可以实现“人人都是开发者”的目标，只需要输入希望的应用名称，平台会通过AI推理出相关内容，并组合成一个应用。用户也可以通过拖曳的方式，打造一个自己的App。这个过程就好像拼乐高积木，炎黄盈动是设计乐高积木和提供图纸的人，而用户只需要按图拼搭即可。

AIGC辅助写代码的功能，可以视作整个人工智能领域的一大进步，也是能够实际提升生产力水平的落脚点。虽然现在AI还不具备直接生成代码的能力，仍然需要人工输入指令，但无疑将降低人类的工作量，或者会从整体上改变程序员们的工作方式，甚至是科技公司的组织架构、管理方式等。

— 第六章 —

AIGC产业价值分析：促进传统产业转型升级

新技术的产业化是将新技术应用落地，并实际作用于产业的过程。技术的萌芽阶段和初期发展，往往是相对孤立的，而产业化的过程就是将新技术同现有技术、行业结合，并将其生成步骤和流程固定下来，在一定规模的基础上形成范式。新技术发明，往往需要一段时间才能真正产业化，这里面涉及很多问题。我们要理解当今的AIGC的产业价值，可以从历史、经济和技术发展史的角度来思考，了解其中的共性特征。

产业价值实现路径

新技术的产业化

18世纪工业革命时期瓦特改良蒸汽机的故事世人皆知，然而蒸汽机早在17世纪就已经有了技术原型。1679年法国人丹尼斯・帕潘制造出了第一台蒸汽机的工作模型，1698年英国人托马斯・塞维利制作出了第一台蒸汽提水机，1712年英国人托马斯・纽科门制作出了早期的工业用蒸汽机，主要用于抽水。但直到半个多世纪后的1776年，在詹姆斯・瓦特的技术改良之下，第一台具有实用价值的蒸汽机才得以诞生。蒸汽机在瓦特改良完成后，并没有得到快速推广和应用，半个世纪后，蒸汽机才逐渐成为主要的动力来源，并推动了英国工业革命的进行。

这实际上就是一个典型案例，它生动说明了技术产业化过程中的一些问题。首先是技术问题，蒸汽机从17世纪末的原型到瓦特改良的年代，中间经历了技术的改革，使其具备了实用性和相对稳定的性能；其次，从技术能够使用到大规模普及，实际上是宏观经济和市场的变化共同推动的。生产力的不断提升和技术的改善会降低使用成本，而社会的变革产生了新的生产力需求，供需关系的变化为技术的产业化提供了基础性的条件。

技术的产业化过程，将新技术真正地利用起来，同时也催化了对现有技术的改进和对现有产业的改造。1765年詹姆斯・哈格里夫斯发明了珍妮纺纱机，并推动了英国纺织业从小作坊向工厂转型，极大地提高了生产效率。但当时珍妮纺纱机使用水力作为动力，后来又使用纽科门抽水蒸汽机。到了瓦特的蒸汽机时代，工厂主曾请求瓦特提供一批蒸汽机，刚开始遭到了瓦特的拒绝，因为他认为水力足以支撑这些工厂正常运行。之后瓦特意识到自己错了，这些工厂产生的经济效益能够覆盖蒸汽机的成本，而产能提升后又能产生更多经济效益，蒸汽机的确应该用于纱厂。后来在工业革命浪潮下，以蒸汽机为动力的纺织厂逐渐替代了以水力为动力的纺纱厂。

历史已经告诉过我们答案，新技术不是孤立的，它必须要在实际生产中运用起来才能创造价值。产生价值的方式可以是与已有的技术相结合，推动生产方式的改变，从而引发一系列更加深刻的变革。

技术产业价值的核心要素是：技术的稳定性、市场的供需关系、技术的成本与利润。技术稳定性无须多言，不稳定的蒸汽机无法带动大量工厂转变生产方式。市场的供需关系及技术的成本利润是紧密相关的两个要素，它们都是技术产业化的前提条件。

商业化和长期主义

技术的产业化是我们站在宏观视角进行的分析，当我们观察具体的公司时，我们要理解技术通过企业来实现商业化的过程，它是技术产业化中更加具体的一个环节。技术的商业化指的是技术能够运用于商业模式中，产生的利润能覆盖掉各项成本，形成健康稳定的盈利模式。只有能够商业化的技术，才能真正运用到产业中，并发挥更大的作用。

案例：施乐公司

早在20世纪40年代，世界上第一台通用计算机就已经诞生，然而并没有很快得到推广，原因是早期的计算机体积庞大、功能不明确、操作复杂，不具备商业化的基础条件，因此没有被社会大众所认知。随着计算机后续的发展，技术成熟、体积变小、成本降低，开始浮现出商业化的曙光。其中有个代表性的案例——施乐公司。

20世纪70年代美国施乐公司专门建立了一个计算机研究中心帕罗奥多研究中心（PARC，Palo Alto Research Center，Inc），汇集了当时大量的美国计算机专家。在这里他们研发出了第一台个人电脑施乐奥托（Xerox Alto）。奥托和今天的家用个人电脑的概念完全不同，它采用了对程序员可见的微代码控制器，因此软件公司可以用于改良应用程序，而且这款电脑是带有鼠标的。当时他们的一位工程师艾伦·凯（Alan Kay）提出了笔记本电脑的构想，他当时在开发一款叫Xerox Note Taker的电脑，被认为是后来笔记本电脑的雏形。施乐的创新成果还包括激光打印机、以太网、下拉菜单、图标，等等。

不仅如此，当时的施乐工程师提出位图显示的概念，就是用像素作为图片元素来排列形成图片。当时，人和计算机的交互方式还是靠字符串，因为计算机性能有限，字符串不会影响运行速度。但是，人们需要专门花时间学习操作方式。

以位图概念为基础的图形用户界面将会极大降低学习门槛，也为后来电脑的大众化奠定了基础。但图形用户界面却并未给施乐公司带来商业方面的利润。

1979年施乐公司希望投资另一个计算机界冉冉升起的新星——苹果。乔布斯开出条件，希望能了解一下PARC，于是当年前往该研究中心参访了好几次。在乔布斯的不懈要求下，他了解了图形用户界面的关键技术。

1983年施乐公司推出了搭载着图形用户界面的电脑“施乐之星”（Xerox Star），但由于高达16000多美元的售价以及缓慢的运行速度，该产品仅仅卖出去3万多台。当年苹果公司也推出了同样搭载图形用户界面的电脑Lisa，售价为9900多美元。而1984年苹果推出的搭载图形用户界面的电脑“麦金托什”（Macintosh，也就是我们今天所说的Mac），售价2495美元，大获成功。因为苹果公司在Lisa的经验教训之上优化了设计结构，降低了成本，于是Mac电脑的发布解决了当时最核心的一个问题——商业化。

虽然乔布斯借鉴施乐公司的事双方各有说法，在此暂且不表，但施乐公司无疑是技术创新的成功者，然而却是商业化层面的失败者。

先进技术有时在商业化层面无法取得成功，有一些共性原因：

第一，技术本身超出了市场当下的需求。我们之前讲到的科大讯飞就是如此。诞生于2000年的语音人工智能“畅言2000”当然是先进技术，但当时个人电脑没有普及，市场对语音助手的需求极其有限，可以说是“伪需求”。但时过境迁，在人工智能逐渐普及的今天，语音助手已经具备广泛的应用场景了，因此科大讯飞的语音智能，包括他们的其他产品才能够在市场上真正大放异彩。

第二，商品化的成本问题。当先进技术刚开始落地时，常常面临成本过高的问题，高成本导致过高的定价，消费者必然不会接受。而成本的降低，一方面来自于技术本身不断的改进升级，从框架结构设计、原材料的使用到工艺流程的优化，根据市场反馈不断优化；另一方面也是来自商业策略的调整，比如供应链的升级、供应商合作模式的变化，等等。多方面因素共同推动，降低了产品成本，让产品价格能够降到消费者可以接受的区间内。

第三，企业的战略和技术协同性的问题。企业在面对新技术带来的新商业机会时，需要有正确的发展战略作为保障，比如及时跟进技术的迭代，抓住合适的机会推出新的产品、采用新的营销方式等。

AIGC作为目前备受关注的技术体系，同样面临着商业化的问题。商业化决定了AIGC未来的产品形态、运营管理方式、市场策略，等等，只有在技术发展的同时，逐步实现健康、长久的商业化路径，才能催生出更多实际的应用场景。而这些应用场景将会孵化出新企业，各种企业在发展中不断衍生、合作，探索出更加明确的上下游产业链，形成更大规模的产业化。因此，我们在探究AIGC议题时应当“以史为鉴”，对发展的方法论有更加深入的理解，从而避免犯下同样的错误。

案例：柯达公司

柯达公司曾经是相机行业的翘楚，在技术上和商业上都取得过巨大的成就，但是最终却被时代所抛弃。柯达公司成立于1888年，创始人乔治·伊斯曼（George Eastman）是一名银行职员，1878年他发明了一种干明胶胶片。当时传统的底片都是湿片，需要非常庞大的处理设备，而干明胶胶片的发明则解决了这个问题。1886年他又发明了卷式感光胶卷，即“伊斯曼胶卷”。1886年伊斯曼研制了新式照相机。1888年，柯达公司的小型相机“柯达一号”推出。1897年柯达公司取得了便携式相机的专利。3年以后他们发布了布朗尼相机，是一款带有弯月形镜头的纸箱相机。布朗尼不但能够快速轻便地运行，而且售价仅1美元，受到了消费者的欢迎，当年销售量高达15万台，“快照”一词也因此产生。

柯达公司当时快速抢占了市场，因为他们一方面在不断改进技术、推陈出新，另一方面在降低成本，并适应用户的使用习惯。到1930年柯达公司入选道琼斯成分股时，他们已经占据了世界摄影器材四分之三的份额，是当之无愧的摄影器材行业巨头。在此后的近半个世纪中，公司一直保持着强大的竞争力。

1975年世界上第一台数码相机诞生，发明者正是柯达公司的电机工程师史蒂芬·沙芬（Steven J. Sasson），但是他的发明并没有得到公司的认可，因此没有作为产品正式推出。这一切的原因是数码相机不需要胶卷，而当时柯达公司认为胶卷是消耗品，能够让用户反复购买，数码相机则是低频率消费品。于是柯达公司错过了数码相机。

市场不等人。1988年富士推出了第一款商用数码相机，到了20世纪90年代尼康、佳能等玩家也相继加入，竞争格局变得不太明朗。此时，柯达意识到数码相机取代胶片相机已经是必然趋势，1996年，柯达与尼康联合推出DCS-460和DCS-620X型数码相机，与佳能合作推出了DCS-420专业级数码相机。但柯达此时的战略仍然处于摇摆之中，1998年柯达还在中国收购传统胶片厂，仍然想要抓住传统胶片市场。

到了2003年，柯达进一步调整了企业战略，重组内部业务板块，将数字及胶片影像、商务印刷、显示及零部件、医疗影像和商业成像等五大板块定位为业务方向，次年柯达正式停止胶片相机的销售。该举措显示了柯达转型升级的决心，但此时柯达已经错过了最佳转型时期，胶片相机市场在数码相机的冲击下，迅速萎缩，市场份额迅速被富士、佳能、尼康等占领。2004年开始柯达走向了亏损之路，2007年靠出售资产获得短暂喘息，2012年正式在纽约申请破产。2013年柯达进行了重组，重新开始了业务。

柯达的落败源于在商业化进程中，企业的战略没有及时调整，固守着以往高利润的业务而没有看到新技术的市场潜力。在转型时期，柯达公司还面临着左右摇摆的情况，没有及时放弃应当被淘汰的旧技术。而柯达的竞争对手，富士胶片的转型路径则更加清晰，富士将传统胶卷、数码相机、数码影像等传统业务调整为医疗生命科学、高性能材料、光学元器件、电子影像、文件处理和印刷等六大新业务模块，借由以往的技术积累进入壁垒更高、利润空间更大且更具有发展潜力的新市场，从而完成华丽转身。

如何理解产业升级

我们已经探讨过AIGC的应用场景，那么AIGC的产业价值是否在这些应用场景中就能实现呢？实际上，这些应用场景是AIGC产业价值实现的必要载体和路径，但仅仅搭建应用场景对实现商业化来说还是不够的。产业价值的实现靠的不是某一项先进技术或者某一个引领性企业，而是围绕着技术诞生一批具有业务关联性的企业，产生竞争和上下游合作的关系，从而形成集群效应。一般来说，新技术的产业价值并不是从天而降、凭空诞生的，而是首先要与现有产业相结合，实现现有产业的转型升级。

我们该如何理解产业升级？这不是一个高深的经济学词汇，而是在历史长河中不断发生的变化。“量变形成质变，质变带来新的量变”，就这样周而复始，技术推动产业升级。

我们可以从不同的维度来理解产业升级。站在宏观的角度，产业升级代表着第一产业、第二产业、第三产业三者比例和结果的变化。过去第一产业占据比例最高，是因为人们的生存对自然资源的依存度高，食物来源是生存第一要义，而工业时代极大地提升了第二产业比例，因为人们的食物需求已经得到满足，对工业品的需求逐步提升。而在现代社会信息化浪潮之下，工业生产技术提升，变得更加轻量化，因此第三产业的辅助作用日益凸显。三者之间结构的变化反映的是社会发展动因的变化。产业升级还可以理解为生产要素的变化。比如过去社会发展依靠土地、劳动等传统生产要素，而现在资本、技术和数据成为更加重要的生产要素。工业时代，传统产业开始从劳动密集型向资本、技术密集型转变，到了信息时代，则向数据密集型转变。而在智能时代，数据将在产业升级中发挥更加重要的作用。

产业升级带来的直接影响，就是更快的效率、更低的成本和更合理的人员配置。

以前人们制造汽车，采用纯手工制造，一个工人需要完成不同流程的装配，流程长、效率低下。而福特在实践中发现，将制作流程拆解成不同步骤，并使用传送带进行连接。每个工人只需要完成特定的步骤即可。流水线的使用极大地提高了工作效率，因为工人们只需要完成一个固定的步骤，他们不需要接受额外的训练，也不需要更多的思考。而传送带本身的不断改进也节约了生产时间。工作方法和应用工具的改善，极大地提高了产量——这是工业时代的产业升级。

以前我们去银行办理业务，需要填写一些单据，而在信息时代，信息化工具的使用省去了我们填写单据的过程，也省去了工作人员输入单据的过程。线上化业务的推广更是省去了前往银行的这个过程。而对于银行来说，工作人员能够将时间用于更加重要的事情上，人力资源配置更加优化；数字化的审批系统代替了一部分审批人员的工作，资金监管和金融风险的防范工作由计算机来代替。这是信息时代的产业升级。

而在智能时代，产业升级则以新的方式进行。如果说工业时代的产业升级是以技术、工具和管理方法的提升来节约时间和成本，提高工作效率和产品质量，那么信息时代则是依靠信息化工具来减少工作的中间环节，降低的是信息传递成本和沟通成本；而智能化时代则是通过机器对人的部分取代来降低成本，这种替代性对降本增效的促进作用是全方位的。比如，一部分危险的工作由机器人代替，提高了人的安全性，降低的是管理成本；人工智能利用数据分析和判断，生成报告或决策，降低的是信息处理成本和决策成本，提高了脑力劳动的效率。

产业升级的另外一个深层影响是，对人的全面塑造和提升。从工业时代到信息时代，纯粹的体力劳动需求下降，知识密集型的劳动需求提升。工业时代，由于流水线的不断改进，生产汽车不再需要那么多的工人，但是设计汽车和提升流水线水平的工程师仍然是重要的人力资源。信息时代，知识密集型劳动进一步替代体力劳动，但对知识数量和质量的要求也在提高，于是计算机工程师和程序员等新职业诞生。计算机和互联网普及之后，社会对人的要求进一步细化，基础的计算机应用技能已成为普适性工作技能，人人都需要会一些，比如文职类工作几乎都需要会使用Microsoft office软件。计算机专业技能则变得更加集中化和高端化，对纯计算机行业的从业人员技能要求在提升，而对于一些特定的细分行业，比如量化金融等，则需要计算机水平与专业能力相结合，写代码基本上是少不了的。

在智能时代，人的职业要求的变化也在悄然进行。比如，AI绘图行业的兴起，让画师们的必要技能从作画变成了利用人工智能发出指令，并对AI作画进行修改调整。但这只是一个开始，由于人工智能目前的普惠程度尚不及计算机和互联网，我们不能武断地判断其未来对人的塑造和影响程度，但是可以想见的是，智能时代下的变革深度和广度都将远超于工业时代和信息时代。

AIGC赋能产业升级

现在让我们把目光进一步聚焦，看看AIGC如何实质性地推动产业升级。AIGC某种程度上是人工智能功能的具体体现，可以从不同的维度来推动新的产业升级：首先是作为生产工具，就好比福特工厂流水线上的传送带，帮助运送生产配件，但操作者仍然是工人。AIGC目前已经起到这个作用，不论是生成的文字、图像、代码或音视频，人工智能向人们提供这些素材，但最终的筛选、核对、补充等工作仍然由人来完成。其次是在部分领域作为人的替代品。比如配音行业，由于该领域技术已经相对成熟，所以短视频作品基本上可以实现由AIGC替代人类完成。

具体来说，AIGC对产业的升级主要有三种路径：一是针对存在的传统行业或特定的细分行业，进行部分或全部的改造，以生产工具的方式帮助提升生产效率；二是以新旧关键产业融合的方式，延伸出新的上下游产业，形成新的商业模式和就业机会；三是在AIGC自身不断发展的过程中，产生现在尚不存在的全新行业。

第一种路径，即AIGC针对传统企业的升级改造，这是相对比较容易落地的，这一过程不涉及整个产业链的重塑，更像是一种新工具的采用。比如在新闻媒体行业，部分媒体已经开始采用人工智能写稿，但目前AIGC担任的仍是工具型角色，并未对行业产生冲击性的影响。

第二种路径，即AIGC与关键产业融合，在促进现有产业效率提升的基础之上，延伸出全新的细分行业或商业模式。比如说AIGC与金融行业融合，不仅能通过智能财报、数据分析等具体业务来提高工作效率和准确性，而且能帮助金融行业延伸出金融科技、金融安全等基础性服务产业。AIGC与关键性行业的融合，前提是技术具有足够的成熟度、应用场景足够丰富并且有可靠的商业模式。我们在第七章中会详细讨论。

第三种路径，目前无法给出一个确切的定义和范围。因为AIGC作为一种新生事物，仍然处于技术迭代、业态探索的发展期，需要更多的实践经验来推动进一步发展。就像在互联网发展初期，我们是无法预知“网红”“职业博主”这类职业的。而当自媒体行业呈现规模体系之后，围绕KOL形成了完善的产业链，不仅有台前的达人们，还有幕后的策划、培训等。同理，当AIGC赋能到各行各业后，势必会有类似这种的全新的职业诞生。

案例：低代码行业

低代码行业，AIGC赋能产业升级的一个典型案例。低代码行业的兴起源于企业数字化转型的需求，具体的需求点在于：①传统的数字化流程实施周期长、成本高，非技术类企业对数字化流程了解程度低，与技术方沟通难度大；②大部分项目属于短期项目，企业级项目供应不足。IDC的数据显示，2021年亚太地区的企业数字化转型过程中，8%处于开始阶段，38%仍然处于起步阶段，18%处于初级阶段，30%处于中级阶段，仅6%处于高级阶段。

低代码行业则能够针对这些痛点，为企业提供服务。低代码的易操作性、便捷性极大地降低了技术门槛、业务成本和沟通成本，帮助企业加快了数字化升级流程。但是作为一项新兴产业，低代码行业也存在一些问题：虽然企业端存在很大的需求，但低代码开发商缺少用户思维，开发出的低代码产品仍然是给开发人员使用的，不是面向具体的业务人员。而业务人员的需求又很难被低代码公司的开发人员深入了解，这种信息不对称带来了业务流程的不完善。另外，低代码行业的人才专项培养和市场供给方面仍然存在不足，高端人才缺口较大，低端人才冗余，造成了招聘和求职“两头难”的现象。

AIGC将是解决低代码行业问题的关键，通过AI辅助编程的功能，降低底层代码的工作量，并帮助优化低代码开发工具。通过赋能“底层技术的底座”，AIGC能够成为数字基建的中坚力量。前文我们提到的炎黄盈动就是实际案例，目前他们是首家AI低代码平台。未来随着技术的普及，AI能够为低代码行业解决更多实际需求。

AIGC赋能企业战略转型

AIGC推动企业数字化转型

作为产业升级体系中的基础单元，企业在AIGC发展的大趋势下，面临着机遇和挑战，其中最重要的机遇是数字化转型。

何谓数字化转型？就是企业通过数字化的工具，短期内提升工作效率、改善工作流程，长期内进行组织结构、企业战略等更深层次的优化和升级，从而让企业跟上时代的脚步，在瞬息万变的市场环境中具备核心竞争力。

在互联网时代，网络成为新的产品服务承载平台，很多企业的业务模式、管理流程都需要以互联网的方式重新做一遍，这就是互联网时代的企业数字化转型。比如，从传统的线下办公到线上办公，数字化升级优化了办事流程，减少了过去纸质文件的传输、打印过程。远程会议则利用互联网通信，解决了物理空间层面的障碍，让处在不同地点的人能够进行沟通。

在智能时代，企业的数字化转型则需要更加深入和全面。首先，用机器人替代高重复性的工作，优化工作流程、提高工作效率；其次，将AI与业务流程深入融合，创造出新的业务增长点或创新商业模式；同时，在以上基础上实现企业战略、管理模式和组织架构的优化和调整。下面我们通过几个具体的场景来了解企业数字化转型的要义。

AIGC与线上营销

在数字经济浪潮下，不少企业开启“线上+线下”的经营模式，线上主要承担市场营销、品牌推广、用户反馈和线上售后服务等职能。随着网络流量见顶、信息不对称性降低，网络营销开始呈现出同质化的特征，大量类似的文案对用户不再有新鲜感，植入各类影视作品或长短视频的广告也不再具有良好的转化率，创新的线上营销手段成为新的需求。在AIGC技术的帮助下，大模型能够更加准确地标注、分类和分析用户接收到的文案，并进行重新组合，生成更加个性化的内容。同时，AIGC与现有人工智能、大数据等技术的深度融合，能帮助企业更好地了解用户反馈和实际转化率，进一步提升线上营销效果。

比如，利用AIGC技术生成虚拟的品牌数字代言人，与网络直播、视频广告等场景相结合，并与用户实现直接互动，输出符合品牌调性的人物形象、做好深度客户服务等。还能利用AIGC生成广告文案、营销活动方案、广告歌曲、音视频、图文海报等。通过AIGC解决内容生成的部分，企业的营销团队能够将重心放到品牌调性的把握、形象的设计、客户的长期维护等方面，形成战略主导型的营销方式，与企业发展方向更好地融合。

AIGC与办公流程

另一个典型的企业数字化转型的场景是日常办公。虽然互联网时代的数字化转型，让企业已经具备线上办公能力，但是结构化文档的撰写、员工邮件和信息的处理还是需要自然人来处理。随着AIGC的发展，更多场景可以由人工智能来代劳，比如工作日报的撰写、财务情况的分析。

试想一个场景，你由于外出，很长时间没有处理群聊信息，当你打算集中回复信息时，却发现十多个群聊中有多达几百条信息，你感到有些恼火，因为你需要优先回复重要或紧急的信息。而人工智能的接入，将来能够帮你“读”这些信息，它能将信息分类标注好，向你提供简要概述，你很快就知道哪些信息更加重要，需要优先回复。甚至AIGC能够帮你自动回复一部分信息，这里的自动回复不是目前部分聊天软件中提前设置好的模式化回复，而是人工智能通过分析和理解，判定任务属于日常类型，便可以生成回复文本，以免因为延迟回复影响人际关系。

目前，已经有一些办公软件接入AI，比如钉钉和通义千问。“AIGC+办公”能够更好地优化行政流程，将行政人员从标准化作业中释放出来，从而将重心放在AI无法替代的人员管理、线下深度沟通等方面，让企业有序运作的同时，将人的能量更加集聚起来。

AIGC与企业组织结构优化

AIGC在各种场景中的应用，最终要服务于企业的组织结构优化。企业的组织结构优化是通过对组织架构的调整、人员分工的安排，梳理企业的业务流和管理层级，从而实现内外资源的优化配置。

在AIGC广泛使用的基础上，企业可以强化管理中台和技术中台，通过中台来放大技术的作用，从而带动组织结构转型。所谓中台，就是通过信息技术打造企业内部通用的服务平台，帮助各个部门共享通用的服务和管理。就好像我们在家上网，需要一个路由器，这个路由器的信号既可以供手机使用，也可以将平板电脑、PC电脑等其他设备连上去。我们只需要一个路由器就可以保证家庭网络的使用，而企业中台就像企业组织架构中的路由器。

搭建高效的企业中台，可以将企业业务流程和经验进行沉淀，提高整体效率。比如，技术型的企业可以构建技术中台，将通用代码、算法和模型放上去，这样在开发新产品时，技术部门就可以直接使用，而其他部门也可以快速发挥协同和支持作用。AIGC赋能企业中台，可以进一步提升各部门的协同效率。比如将大模型植入技术或数据中台，方便各部门的资源取用，并能更好地跟进进度、生成反馈等。

案例：网易严选探索AIGC使用场景

企业利用AIGC进行数字化转型，最佳方式是从自身已有业务着手。网易严选对自身业务进行梳理，提出了实际应用的案例，为后续工作提供了参考。根据网易严选创新设计中心的信息，AIGC应用探索主要包括以下业务场景：

用AIGC辅助设计调研。利用ChatGPT生成文字，包括市场需求调研、用户调查问卷、辅助问题分析和处理数据等。

用AIGC参与提案输出。向ChatGPT输入消费者痛点问题、产品卖点和信任背书等要点，根据生成内容整合优化，提升提案效率，帮助明确目标。网易严选以厕清共创项目为例，利用AIGC为产品明确了三个方向："清洁力+信任状方向""清洁力+多功能"及"香氛植萃"，帮助形成个性化的产品定位和方案输出。

用AIGC生成图像素材。网易严选利用Midjourney生成品牌宣传图、商品展示图、材质效果图。同时尝试通过AIGC和人物拍摄结合，帮助模特"换装"。如果此类尝试能够大规模使用，并形成内部常态化的工作方式，就能够帮助企业大量降低设计、采购和人力成本。

用AIGC辅助设计。比如将AIGC用于外包装的设计、工业造型设计、商品图案设计和IP生成等。网易严选在内部选取了一些品类并进行了尝试。

网易严选内部开展的这类尝试，对其他企业也有一定的参考意义。虽然AIGC在实际应用方面仍然存在一定的不确定性，比如图片生成的版权问题，但是在小范围内开展尝试，与自身的业务结合起来形成工作范式，可以为之后企业全面数字化转型夯实基础。

AIGC助力企业抓住发展新机遇

AIGC时代，对于互联网企业来说，是前所未有的机遇。除了赋能业务流程的改造和组织结构的升级外，互联网企业还可以扩宽业务范围，寻找新的增长点，即以原本的业务体系为依托，将AIGC或相关业务纳入进来。而对于一些在移动互联网时代转型困难或发展滞后的企业来说，AIGC或许也是一次新机遇。微软就是典型的例子。

案例：AIGC助力微软重新起航

微软作为崛起于九十年代的巨头，以Windows系统和Office办公软件系统成为行业的绝对主宰者，其创始人比尔·盖茨也常年位居世界首富。然而，随着市场的变化、产品的成熟及消费者偏好的变化，微软的业务也开始面临挑战。

随着移动互联网时代到来，搭载Windows系统的Windows phone并未成为智能手机行业的领军者，而iOS和安卓几乎占据了所有智能手机市场，极大地冲击了Windows系统在智能手机市场的地位。而智能手机的崛起也影响到PC的销量，在此之前PC是微软的重要战场。从2007年开始，在多种要素的冲击下，微软面临市值下滑、业务发展缓慢等难题。

新的CEO萨提亚·纳德拉在2014年上任，彼时他看到了关键问题所在，于是提出了“移动为先，云为先”的发展战略。纳德拉在他的自传《刷新：重新发现商业与未来》一书中，将自己的愿景描述为“重新发现微软的灵魂”，他提出加强沟通、重新建立合作伙伴关系、执行自上而下的企业文化变革、发展云业务、坚守价值观等理念。他设定的三大战略规划包括：

- 围绕智能云平台，加强基础设施建设，在世界不同地方修建数据中心。
- 以协作、移动、智能和信任四大原则，重塑生产力和业务流程，设计智能架构。
- 提供个性化的计算、跨设备的服务。

纳德拉主张文化变革，希望公司变得更加开放，他与苹果和谷歌合作，让Office办公软件先后在iOS和安卓系统上线。2014年微软收购了瑞典游戏开发商Mojang，将热门游戏《我的世界》（*Minecraft*）纳入麾下，并将该游戏接入到Facebook推出的虚拟现实设备OculusRift。微软还与红帽（Red Hat）合作，让后者的客户能够通过微软的Azure云服务来扩展业务。他的这些举措，打破了竞争与合作的壁垒，因为很多合作方的部分业务与微软存在竞争关系，但是纳德拉认为，竞争不是零和博弈，双方可以共同努力去创造机会。

同时，纳德拉还采取了一系列措施来为企业降本增效。2016年微软将诺基亚业务以3.5亿美元出售给富士康子公司富智康（FIH Mobile）和芬兰公司HMD Global，同年以262亿美元收购了领英。2018年以75亿美元收购了全球最大的代码托管平台Github，这一年微软的市值超过8000亿美元。

在纳德拉的领导下，微软砍掉了手机等非关键业务，将重心放在Azure等云业务上，并且积极投身人工智能领域。2018年微软收购了人工智能初创企业Bonsai，2019年微软就对OpenAI投资了10亿美元，并在2021年再次投资。ChatGPT爆火全球后，微软宣布将会让ChatGPT接入Bing搜索，通过AIGC提升搜索业务能力，此举也被外界认为是挑战谷歌的搜索业务。

从微软的发展历程可以看出，大型企业发展到瓶颈期时，会面临“船大难掉头”的问题，而企业的战略转型可以从文化和技术两方面着手。纳德拉对微软从内部进行文化和组织上的改造，强化了对外合作关系，在技术上大力押注云服务和人工智能，通过创新业务找到了新的增长点。

任何企业都会面临某个业务饱和或新技术冲击的问题，

关键的破局之道是以坚定的信念找到新领域的突破口。未来已来，AIGC或许能为更多企业提供转型的业务方向，微软不是可以复制的案例，但他们的转型思路值得很多企业学习参考。

一第七章一

AIGC助力产业升级实践：关键产业融合

AIGC+教育

在所有产业中，教育是最具有特殊意义的一个。教育是将知识和认知方法传递给下一代人的过程，它既可以是人类文明传承的宏大话题，也可以是家庭育儿的具体实践。教育的方法既受到社会发展的约束，也能推动社会的发展。以往我们认为的教育是在校园里，老师将已有的知识和技能传递给学生，学生能够掌握知识、通过考试，进入下一阶段的学习。

在新的背景下，“AIGC+教育”的产业融合模式，正面临前所未有的机会。根据中商产业研究院的数据，我国教育产业规模从2016年的2万亿元，上升至2020年的3.4万亿元，年均复合增长率达到14.19%[①]。2021年7月，我国出台了《关于进一步减轻

① 数据来源：中商产业研究院《2022年中国教育行业市场规模及发展前景预测分析》。

义务教育阶段学生作业负担和校外培训负担的意见》（简称“双减政策”），新政策对教育产业产生了全面的影响。数据显示[①]，2022年1—10月，国内教育行业融资金额约43.33亿元，同比减少74.95%；融资事件约100起，同比减少51.69%。

教育产业整体进入转型期，市场需求新趋势更加明显：传统的“课内学习+课外补习”的模式已不再具有普适性，个性化、精准化的高质量教育成为核心；体育、艺术、编程等新型素质教育受到市场关注；教育产业的发展模式由以往的资本推动，向质量、服务驱动转变；教育产业人才需要经历了“阵痛”后，在2022年底至2023年第一季度开始回暖，对高质量、综合性教育人才的需求提升。

长远来看，我国教育的变革仍将持续，同时产业升级将由资本驱动型向技术驱动型转变。目前，网络课程或培训中存在着一些问题：

- 网络课程缺乏感官体验，师生之间缺少互动。
- 课程质量缺少客观的标准化的研发设计体系、课后评估体系等。
- 线上课程质量的权威性有待提升，录播课程难以及时更新和调整。

① 数据来源：《2022教育创新趋势》报告。

- 线上课程或培训相关证书常常被认为权威性不足。
- 课后学生作业情况难以跟进，学生通常自主上传作业，由老师审阅批改，中间涉及沟通环节影响教学效率。
- 市场上的网络课程及服务无统一评价标准，资源分散，且定价标准不透明。

这些问题不仅影响了教学体验，而且阻碍了教育质量的进一步提升。在信息化时代，市场需要的不是将课程内容搬到网上的“在线教育”“在线课程”，而是更加智能化、数字化的智慧教育。前者只是将互联网作为工具和平台，实现教育手段和形式上的提升，而智慧教育应当是以互联网和AIGC为基础，将教育平台和工具进一步升级的同时，智能化生成和管理教学内容、教学反馈、教育全流程评估，从而实现教育质量的提升。

“AIGC+教育”是在原有网络平台基础上对教育内核的深度改造，将以“教师为中心”向“以学生为中心”转变，加深双方沟通、畅通教育的个性化流程。同时，通过技术手段降低教师负担，比如AI生成教案、制作PPT、辅助批改试卷等。目前“AIGC+教育”落地的主要方式，是将AIGC嵌入到实际场景中，一般是与技术公司合作或者直接接入现有大模型。

案例：科大讯飞AI+教育

短视频平台上，曾有一个“老师让学生暂停自习看朝霞”的片段走红。起因是老师偶尔看到几个学生使用智慧课堂学习机在拍摄窗外，他发现火红的朝霞十分好看，于是让学生们暂停学习，观赏窗外美好景色。这是师生交流中有趣又浪漫的一个瞬间，是学子刻苦学习中的一味调剂。①

智慧课堂学习机就是科大讯飞研发的产品。据这位意外走红的老师介绍，他平时担心学生沉迷手机，于是使用了智慧课堂学习机。他有时候看到有价值的资讯和信息都会通过智慧课堂发给同学们，同时要求学生在智慧课堂上完成一些任务并打卡，养成良好的学习习惯。

科大讯飞使用“AI+硬件”的方式，为学生们提供精准的教学内容和学习计划，将网络浏览的内容和老师课堂教学融合起来，有效地帮助老师管理课堂、提升教学质量、拉近与学生的距离，兼顾技术的效率性和线下教学的人文关怀。

案例：Duolinguo+GPT-4

多邻国（Duolinguo）是全球知名的语言学习网站及应用，它以丰富有趣的在线学习形式著称，包括听写、文字

① 科大讯飞智慧教育.寄宿学校里的90后“亮爸”[EB/OL].（2023-01-30）[2023-04-31].https://mp.weixin.qq.com/s?__biz=MzA5NjYyMTA0OA==&mid=2649311311&idx=1&sn=73878ee468138d5169ad48e5950e86eb&chksm=88b0b0d8bfc739cef60b388fee58be1e8f163eadd6ea78b08edb6aac7b4a2fefcf75d8c2da37&token=2038725196&lang=zh_CN#rd.

游戏等，包含了40种不同语言，广受外语爱好者的欢迎。2023年3月Duolinguo宣布将接入GPT-4，并在以往的收费服务Super Duolingo上，推出了新的服务Duolinguo Max。

通过AIGC，Duolinguo提供了更加精准和个性化的服务。比如对学习者不明白的语言点，AI提供的“解释我的答案”（Explain My Answe）功能能够给出更加详细的解释，帮助学习者获得更深层次的解释。而且学习者还能输入反馈，获得更多的解释。在这个系统里，学习者还能与AI进行角色扮演式互动，通过更多语言场景，帮助学习者获得更深层次的体验。

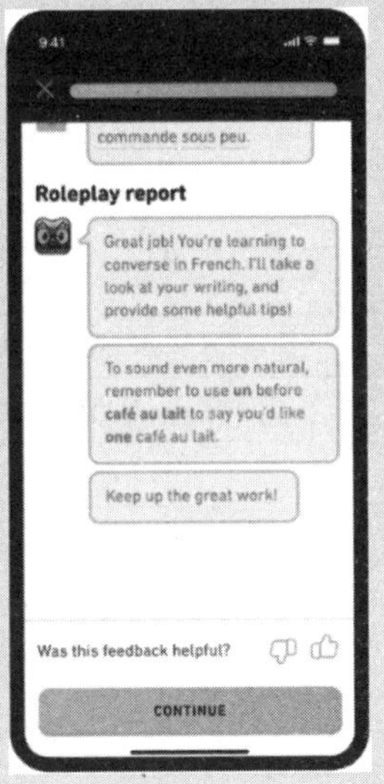

图7.1　Duolinguo官网功能展示

虽然这部分服务暂时只在部分国家推出，但是多邻国的这次创新非常有意义：首先，多邻国证明了AIGC与语言学习的具体场景能够完美契合，AI在学习场景中扮演的“教师”或“辅导员”的角色，能够替代一部分人类教师的职能，而且更具有针对性；其次，多邻国的商业付费模式为产品的可持续发展奠定了基础，虽然目前尚未知悉该AIGC带来的具体盈利情况，但是在一开始就明确商业模式，能够帮助产品不断改进，并根据市场反应调整商业策略，至少目前来看是健康的发展方式。

“AIGC+教育”未来具备良好的发展前景和市场，主要的发展路径包括（见表7.1）：

表7.1　AIGC在教育领域中的应用场景

应用场景	产品、服务或应用场景
AIGC+硬件	智慧学习机、平板、白板等
AIGC+智慧解决方案	对目前在线教育进行智能化升级；
	传统义务教育硬软件升级；
	继续教育、终身教育创新发展；
	青少年素质教育应用场景；
	教育咨询、教育方案设计；
	教师技能培养及终身学习

目前，AIGC在教育产业中基本上发挥着工具或平台的作用，

未来当应用场景更加丰富、多元，商业模式能够跑通后，教育产业将发生根本性的改变。传统教师的“传道授业解惑”之“授业”，不仅仅包括知识本身，还包括利用AI探索世界、掌握知识的过程，更包括在新的技术背景下，学生能力和价值观的培育。因此，AIGC带来的改变将从表到里，由浅到深，在长时期内潜移默化地发挥着作用。

AIGC+医疗

在教育之外，医疗是另外一项极具社会特殊性的行业。首先，医疗服务是社会大众的刚性需求，具有完全不可替代性；其次，医疗行业专业化程度高、技术壁垒显著，产品研发周期长、投入大，医护人员和研发人员的培养周期长、知识技能要求高；最后，医疗还涉及各种民生福利等问题，不仅涉及社会治理问题，还与风俗习惯、社会道德理念等诸多观念性要素息息相关。因此，医疗领域的数字化发展是一项艰巨且长期的任务。

AIGC在医疗领域能够发挥不同层面的作用：

● 患者画像：可以基于患者的基本医疗信息、就诊记录、临床信息、过往病史等内容，结合医疗大数据技术，生成标签化、个性化、精确化的用户模型。对于医生而言，他们可以根据常规的标签快速了解患者情况，如果是疑难杂症，可以快速判断，请患者进一步检查。

- 体检报告：利用AIGC帮助医生进行常规体检报告的撰写，将人工智能API与医疗设备相结合，在患者体检完之后自动生成体检报告。

- 智能问诊：患者可在软件中进行症状描述或者进行语音输入，由人工智能识别并根据模型诊断相关症状，给出诊疗方案、日常用药等。智能问诊的范围既可以是疾病的预防、治疗，也可以包括医疗资源的相关资讯等。目前，部分公司已经上线了智能问诊服务。

- 特殊人群的治疗：通过多模态模型，将文字合成语音帮助失声人士重新发声。

- 医疗辅助服务：将医疗服务同养老及康养需求相结合，提供客户服务、解决方案、市场营销等方面的内容生成支持。

“AIGC+医疗”具有广阔的市场前景，尤其是以人工智能、大数据、云计算、区块链、物联网等技术为核心的数字医疗领域，这是由市场需求和行业特征共同决定的。根据普华永道发布的报告，2016年至2021年，中国医疗健康服务行业交易总额累计超过3000亿元，交易数量超过1500笔。其中，2021年总体披露交易规模突破1000亿元，披露交易金额较2020年增长85%；交易数量达

458笔，较2020年接近翻倍，平均单笔交易额达2.6亿元。重点细分市场包括医疗机构、健康管理和数字医疗，其中数字医疗的投资规模为574亿元，较2019年的26亿元增长将近4倍。2021年中国存续医疗机构数量为103.3万家。[①]同时，2020年全球新冠疫情和中国老龄化的发展趋势，对医疗康养需求、社会大众健康认知和理念均造成了一定影响。因此，医疗行业是一个规模大、需求强的技术密集型行业，也是受到投资者高度重视的行业。

从商业模式上来看，数字医疗已经具备了丰富的应用场景和明确的盈利模式。首先，目标受众呈现出多元化发展的趋势，除了以公立医院、私立医院为主体的医疗机构外，还包括养老院和商业康养机构、医疗美容服务机构、月子中心、体检中心等。不同机构包括不同的功能定位、目标客户和发展方向，因此对硬软件技术和数字化解决方案的需求不同。其次，数字医疗已经在具体应用场景中得到了实践，比如医疗电商、在线诊疗、医疗数据平台、智慧病历、人工智能影像、个人健康管理等。2021年共有13家医疗健康及服务相关企业上市，其中医渡科技、鹰瞳科技等多家企业均涉及AI医疗业务。

从投资或创业的角度来说，“AIGC+医疗”要面对的主要问题是审批和监管。在审批方面，不仅需要依据现有法律法规和行政文件，还需要对技术的安全性、合理性、公正性和精准性进行

---

① 普华永道《2016年至2021年中国医疗健康服务行业并购活动回顾及展望》。

全面的评估和论证。2021年，国家药监局发布了人工智能医用软件产品分类界定指导原则》，明确了人工智能医用软件产品的分类界定，为未来“AIGC+医疗”产业夯实了基础（分类类别如表7.2所示）。截至2021年，已经有15款产品通过了审批，包括数坤科技、安德医智、深睿医疗、推想科技、汇医慧影、联影智能、乐普医疗、Airdoc、依图医疗、硅基智能等。随着优质企业的不断涌现，我国的监管政策正在优化和调整，更多的医疗应用能够通过审批，走向市场，为患者提供服务。

表7.2　人工智能医用软件产品分类

序号	一级产品类别	管理类别
1	治疗计划软件	第二类、第三类
2	影像处理软件	第二类
3	数据处理软件	第二类
4	决策支持软件	第二类、第三类
5	体外诊断类软件	第二类
6	其他	第二类

案例：鹰瞳科技

鹰瞳科技是一家AI医疗企业，成立于2015年，主要提供早期检测、辅助诊断及健康风险评估和多方位的人工智能解决方案服务。2021年在港交所上市，被誉为“医疗AI第一股”。

鹰瞳科技不是以通用AI医疗为主要业务方向，而是深耕糖尿病视网膜病变领域的辅助医疗，已经在社区诊所、体检中心、保险公司、视光中心及药房等场所得到了广泛应用。鹰瞳科技的主要产品包括医疗器械软件Airdoc-AIFUNDUS、医疗硬件设备（便携式眼底照相机AI-FD16aF、台式眼底照相机AI-FD16r）等，能够对糖尿病视网膜病变、高血压视网膜病变、视网膜静脉阻塞、年龄相关性视网膜黄斑变性、病理性近视及视网膜脱落进行快速诊断和评估。据悉Airdoc-AIFUNDUS（1.0）获NMPA首张视网膜影像AI医疗器械三类证，并且已经在400余家医院投入使用。

鹰瞳科技通过人工智能技术在专项疾病领域深耕，以“硬软件+解决方案”的方式将业务扩展到多项细分领域，与28个省份的保险公司分支机构、950余家视光中心、140余家体检中心，以及药房等多场景开展大健康领域的合作，服务人数超过千万人。鹰瞳科技还与多个地方政府合作，为当地居民提供慢性病筛查的服务。

AIGC+金融

金融行业是一项综合性的行业，既具备服务行业的属性，需要面对社会人众塑造品牌、提供服务，又具备技术行业的属性，需要搭建信息系统、设计和开发产品、处理后台信息等，还具有一定的敏感性，因为金融安全关系到经济发展的资金畅通以及大众的民生福祉。因此，金融行业的纵深发展需要多领域协同，AIGC在其中有很多发挥作用的应用场景。

以普通的银行为例，银行工作一般分为前台、中台和后台。前台主要直接接触客户，提供销售推广、咨询沟通和服务工作；中台主要是为前台工作提供支持和管理，包括产品设计与研发、风险管理（比如信贷资质审核）、财务管理、渠道管理和人力资源管理等；后台则是企业基础服务，包括IT和网络运营维护、数据处理、清算业务部门、银行卡中心、呼叫中心、灾备中心等。随着金融科技的兴起，银行开始快速数字化转型升级，其中很多业务都可以利用人工智能来进行。比如银行的人工智能语音客服，可以在电话中通过客户按键的方式，帮助解决部分常规问题，在线客服通过预先设定的关键词，帮助客户自行选择咨询的问题，从而解决了电话打不通、等待时间长等问题。人工智能客服是AI在金融领域相对成熟的应用场景，已经被大众广泛接受，2021年9月中国银行业发布了《远程银行人工智能客服评价指标规范》，从管理层面确立了统一的执行标准。

然而，人工智能在银行中的应用场景远不止于此，以AIGC来说，内容生成能够提升智能客服的用户体验，除了处理更多、更复杂的业务场景外，还能让用户感觉到有温度的服务。AIGC目前落地的主要方式包括：一是与既有人工智能技术相结合，作为技术体系中的一个模块；二是利用目前已经相对成熟的文本生成技术，同专业性的业务相结合。采用AIGC的主要金融机构包括银行、券商、保险公司、信托公司、基金公司、金融服务及相关技术公司。

案例：数字化银行再升级——中国邮储银行

2023年2月中国邮政储蓄银行宣布以自己的人工智能平台“邮储大脑”接入百度的“文心一言”，以便为用户提供更丰富、更有温度的产品和服务。2020年建设的“邮储大脑”是中国邮储银行以百度智能云技术体系为基础开发的AI框架。

“邮储大脑”的建设离不开中国邮储银行坚实的数字化基础。早在2014年邮储银行就启动了“十三五”IT规划编制工作，建成了信贷业务、CRM等16大平台和两总线（企业服务总线、企业数据总线）、234个信息系统。2019年，邮储银行又以战略性的眼光提出将每年投入营收的3%作为信息科技建设资金。在长期规划和大量投入的背景下，以人工智能技术为核心的“邮储大脑”诞生。

“邮储大脑”的发展目标是具备“看、认、谈、辩”四大能力，从感知智能升级为认知智能。目前“邮储大脑”的智能图像技术能够处理15类通用、40种特定票据，支撑日均近

42万幅影像识别；智能客服功能支持多语种、多信道语音，人工替代率达78%，识别准确率超过96%；智能外呼系统以自然语音交互技术为基础，为超过3000万客户提供了服务。除此之外，“邮储大脑”支持多引擎、多策略生物特征识别，为超200个业务场景，提供日均超200万次人脸、声纹比对和验活服务。

“邮储大脑”是人工智能在金融领域的优秀典范，是长期技术积累和管理服务实践的成果。此次接入“文心一言”，是“邮储大脑”的又一次升级，可充分利用AIGC技术，扩大和延伸与真实用户的接触范围，进一步加强对用户需求的理解，提高真实用户的服务体验。

案例：金融服务平台创新发展——同花顺

同花顺是一款以股票和财经资讯为主要业务的金融服务平台，但早在十多年前就已经布局人工智能技术领域，见图7.2。

- 2006年成立了i问财，开始了人工智能技术在金融服务领域的探索，推出包含自然语言、语音问答系统智能投顾服务。
- 2011年与哈尔滨工业大学合作引入自然语言处理技术，推出i问财选股，并对该应用进行迭代升级。2015年i问财的日均访问量超过了百万。

- 2017年上线了智能外呼、智能客服和语音质检等服务。
- 2019年同花顺发布了智能投顾机器人——问财，当年荣获有着“中国工业设计奥斯卡”之称的中国设计智造大奖。
- 2020年全新问财网页版上线，增加了20280个结果页，并将人工智能和人工审核相结合，优化修订了11840个不规范结果页。
- 2021年同花顺发布了微信解决方案，让券商能够在微信公众号实现客户资金账号绑定、模板消息精准触达、智能展业、活动运营、多公众号平台化管理等业务，进一步提升了工作效率。

图7.2　同花顺AI平台官网

同花顺的AI开放平台，经过数十年的积累，已经形成了一个体系全面、服务多元的金融服务平台，其中AIGC的应用模块包括语音合成、语音听写、语音转写、智能金融问答等，帮助企业解决实际业务中的痛点难点。比如，同花顺的智能外呼机器人，帮助解决了销售人员流动性大、培训周期长、成本高等问题，同时智能外呼机器人能快速、准确地记录信息，并提高了数据分析的效率。智能投顾能够利用AI来对股票、基金进行分析，利用指标排行、业绩预测等信息生成，为广大用户提供决策参考。

因此，在同花顺的人工智能体系中，AIGC扮演的角色具有显著的特点：一是依托已有的业务体系，针对人工流程中的不足进行改造升级，技术和管理同步进步；二是长远布局、提前规划，在海量客户和数据积累的基础上不断迭代升级；三是充分利用主营业务的“天然优势”，形成了融合性强、实用性高的应用场景。

其他案例

2023年东方财富表示，公司利用人工智能技术，研发了金融数据AI智能化生产平台、多媒体智能资讯及互动平台系统等，并将继续发力人工智能平台，不断提升自然语言处理、图像处理、语音识别和多模态融合技术能力。

恒生电子成立了恒生研究院，着眼于AIGC和金融关键业务的融合发展，未来希望在投研、投顾、营销、客服、运营、风控等金融各类业务场景开展人工智能大模型技术应用。

京北方利用人工智能技术打造了OCR智能识别服务平台、RPA机器人流程自动化平台，自主研发了智能合同风险审核、智能推荐、智能OCR、智能视频监控等多个AI+应用，目前已在运营管控、风险合规等多个业务领域展开了实际应用，并获得了良好的市场反馈。2023年3月，京北方表示将通过百度智能云接入“文心一言”。

AIGC技术目前在金融行业中的应用场景仍然有待进一步提升，未来除了模型的不断训练提升之外，AIGC需要针对金融的行业特征进行优化，充分发挥其高效率、低成本、低延时、易迭代的优势，满足金融行业用户量大、数据大和场景丰富的需求。针对金融行业的安全问题，AIGC未来的发展方向和应用领域还可以进一步延伸至反洗钱、反欺诈、异常交易检测及报告、金融数据安全保护等方面，提升金融行业的安全性。

AIGC+工业

“智能制造”和工业4.0一直是近年来人们热议的话题，因为工业的进步和发展贯穿了整个人类历史，大到人类文明的进步，小到日常生活的方便，都与工业化水平息息相关。在智能化时代，我们思考的是如何用机器人替代更多自然人类劳动，如何用智能设备或软件帮助人们更好地管理工厂。

AIGC在工业应用中能够帮助提升产业价值和工作效率，主要通过两种方式：一是通过内容输出减少人的重复性劳动。比如与计算机辅助设计CAD（Computer Aided Design）相结合，自动生成工业设计的内容，极大降低人的劳动量；通过衍生设计，为工作人员提供灵感和帮助。二是与现有技术或硬件相结合，减少中间环节，扩展技术深度。比如，数字孪生技术是一种将物理实体投射到虚拟世界中的技术，通过建模，人们可以完成设计工作，从而减少在实际中做实验带来的巨大成本。以数字孪生为基础的设计工作往往用于飞机、汽车、重型机械类的前期设计，而这个过程中需要大量的建模。AIGC能够与数字孪生技术相融合，缩短中间的建模环节，通过图像识别等技术将实体物体快速转化为图像信息。

案例：创新奇智

创新奇智成立于2018年，由李开复的创新工场参与天使轮融资。该公司以“人工智能赋能商业价值”为使命，是中国最大的“AI+制造”解决方案供应商和中国第三大企业级AI解决方案供应商。创新奇智于2022年在香港上市，市值110亿港元，被誉为“AI+制造”第一股。

2023年4月13日，创新奇智推出“奇智孔明”AIGC引擎（AInnoGC），这是创新奇智以自研平台MMOC为基础，以工业预训练大模型为依托研发出的“AIGC+工业”应用类产品。奇智孔明的关键能力在于内容生成、智能问答、多轮对话、推理能力、代码生成，帮助解决垂直领域内用户的个性化精确需求，见图7.3。

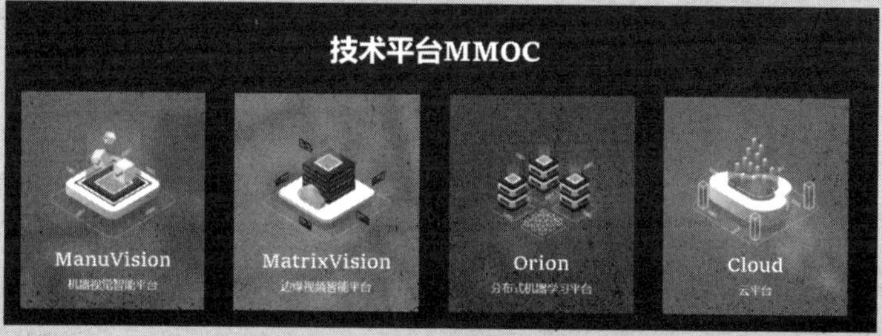

图7.3　创新奇智技术体系

资料来源：https://www.ainnovation.com/about。

比如，当遇到机械故障时，用户输入故障描述，奇智孔明会给出可能的问题分析和解决方案，并在用户的要求下继续补充内容。用户输入生产内容和时间要求，奇智孔明可以生成工作计划。在管理类工作方面，奇智孔明可以用“SQL和Python分别生成2022年某车间生产产品总量”，或是帮助车间统计工作人员统计出勤情况。在多模态生成上，还能帮助生成零件的精密构图。

在实际应用中，奇智孔明已经展现出巨大的潜力。比如刚刚从象牙塔中走出的学生，在学校学到的知识和工厂的实际操作可能存在脱节，他们急需有针对性的指导，而老师傅们也难以面面俱到地帮助这些新人，此时奇智孔明则可以帮助填补其中的空白。同样，奇智孔明也可以帮助工人们应对突发性的技术问题。

不同于面向普通大众的AIGC，奇智孔明主要面向B端用户，因此对于专业性、准确性及稳定度有较高的要求，同时要做到企业需求的个性化，做到"千企千面"。奇智孔明使用的是自研大模型，并通过与企业沟通和处理企业数据来训练模型，使之不断完善。另外，在实际应用中，奇智孔明的输出内容不仅包括文本，还包括表格、代码、设计等多种内容，因此奇智空间功能包括了工业缺陷样本生成、交互式报表生成、交互式故障诊断、产线设计生成等。

事实证明，"AIGC+工业"在商业平衡性上是能够站住脚的。创新奇智2022年全年营收高达15.58亿元，同比增长了80.9%。

创新奇智证明了"工业+AIGC"的产业价值，为相关的AIGC产品提供了一个范例。但是工业的特殊属性，决定了AIGC的开发和应用仍然面临一些难点。首先，工业领域的AIGC需要以预训练大模型为依托，以工业实践中的海量数据为素材，不断地升级迭代。这些数据来源不仅需要通用数据，还需要更多细分市场具体企业的真实数据，但在AIGC技术完善之前，企业并不能完全信任AI，也不一定愿意提供真实数据，或是更愿意在本地部署数据，而不是放在云上，这就造成了一个矛盾点。因此，只有建立起工业企业的服务业务，并在此不断积累数据，才能解决大模型训练的数据量问题。其次，工业生产流程长、步骤多、涉及海量细节，具体的功能也离不开小模型。就像海军不仅需要大型航空母舰，还需要航空母舰上搭载许多小型战斗机，当航母出海的时候，小型战斗机就喷射起飞执行任务。因此，在工业领域，AIGC需要大小模型协同发展。

AIGC+传媒

相较于教育、医疗、金融和工业，传媒与娱乐行业对AIGC应用门槛最低，并且已经有相对成熟的实践案例。传统的传媒主要以文字、图像、视频、音频为内容载体，传播渠道包括报纸、杂志、电视、广播以及互联网时代的网页、手机新闻App、各类视频平台。AIGC在其中起到的作用类似于一种更加先进的工具，已经有不少知名媒体在实际业务中使用AIGC。

传统行业升级案例：新闻业

英国BBC

Juicer（榨汁机）是英国媒体BBC使用的人工智能API，能够对BBC和其他媒体上的新闻内容进行提取和标记，并将其分成不同类型：人、地点、组织和其他。通过Juicer，BBC的记者们可以像使用榨汁机一样取得更多的信息。比如，当他们需要去了解一家企业的时候，可以通过Juicer去搜集、整理该公司相关的背景资料、人员信息、一些具体的事件等，从而帮助记者们做好背景调查工作。

不仅如此，BBC新闻实验室还启动了另一个人工智能项目“SUMMA”，旨在利用自然语言处理，分析不同语言的媒体流，从而帮助新闻工作者从人工筛选媒体的重复性工作中解脱出来。除此之外，他们还希望该项目中能够加入文本以外的处理能力，比如音频转化为文本。

但目前在技术上仍然存在难度。首先，图片的处理要比文本的处理更加困难，目前AI还无法做到完全准确地区分具有相似要素的图片；其次，不同于文本和音频的线性结构，图片是非线性的，AI无法利用简单标注的方式聚合信息。另外，AI处理深度信息的能力仍然不足，比如区分哪些信息更加重要或紧急。AI在对图像的理解方面，就像理解文本一样，只能理解“字面意思”而无法抓住隐喻的镜头语言。

美国联合通讯社

美联社在AIGC工具方面进行了较长时间的耕耘。早在2014年，美联社就和Automated Insights公司，采用自动化写稿程序Wordsmith，尝试用AI撰写新闻稿，主要内容是上市公司的财务报告。在使用Wordsmith之前，美联社的记者们每季度能够供稿300篇左右，而人工智能将这个数字提高到了3700篇。

除此之外，美联社采用了AIGC文本转化视频应用Wibbitz来根据文本生成视频。Wibbitz的工作原理是先对用户输入的文本进行处理，形成一个视频脚本，再将素材组合在一起，形成短视频。

美国《纽约时报》

2015年起，美国《纽约时报》采用了一个叫作“编辑”（Editor）的AI，类似于BBC的Juicer，Editor也可以用来标注关键词、标题或主题，通过从原始文章中提取信息作为“组件”，并重新组合搭配，形成新的文章，帮助新闻工作者结构化搜索和整理。除此之外，《纽约时报》还采用了人工智能Perspective API来管理新闻的评论区。

其他媒体

在2016年里约奥运会期间，《华盛顿邮报》使用了Heliograf进行新闻采写，它通过大量的数据分析，将信息与事先设置好的新闻模板进行匹配，来撰写结构化的新闻稿。

在中国国内媒体方面，新华社在2015年采用了“快笔小新”来撰写结构化新闻，2016年今日头条的“小明”为里约奥运会写稿，微软的“小冰”开始尝试开设“小冰机器人”专栏。2017年《南方都市报》和凯迪网、北京大学计算机科学技术研究所联合成立智媒体实验室，上线了“小南”。

媒体AI诗歌创作

2017年，微软小冰举办了自己原创诗集《阳光失了玻璃窗》的新书发布会，同年还在《华西都市报》上开设了专栏，并发表了诗歌《全世界就在那里》，引发了热议。小冰的创作能力来自1920年以来的519位中国现代诗人。AI进行了超过6000分钟、10000多次的模型训练，形成了情感性文字的创作能力。不过对于AIGC生成文学性作品事件，当时也引发了一定争议，不少人认为AI本质上仍是机器人，不具有人类的情感温度，作品是没有灵魂的；也有人认为AI是通过语言文字的挖掘处理能力来写诗，和人类的创作有本质上的区别，不能简单地将二者进行“好或者不好”的对比。

《全世界就在那里》(外二首)

〇　小冰

河水上滑过一对对盾牌和长矛
她不再相信这是人们的天堂
眼看着太阳落了下去
这时候不必再有爱的诗句
全世界就在那里
早已拉下了离别的帷幕
生命的颜色
你双颊上的道理
是人们的爱情
撒向天空的一个星
变幻出生命的颜色
我跟着人们跳跃的心
太阳也不必再为我迟疑
记录着生命的凭证
像飞在天空没有羁绊的云
冰雪后的水
那霜雪铺展出的道路
是你的声音啊
雪花中的一点颜色

是开启我生命的象征
我的心儿像冰雪后的水
一滴一滴翻到最后
给我生命的上帝
把它吹到缥缈的长空

AIGC+大文娱

大文娱是传统文化娱乐行业的延伸和发展，既包括传统的影视、音乐、演出，又包括以互联网为依托发展出来的网络影视、视频、直播、网络文学、游戏等细分领域。大文娱产业围绕核心业务及关键IP，还能衍生出周边产品、营销、文创等细分产业。大文娱产业的产业构成和特质与AIGC具有天然的结合点，其内容生产、分发和消费三大环节均涉及内容生成。内容生产环节的策划、制作、开发，分发环节的营销以及消费环节的消费者服务等，AIGC都能与之融合，加快内容生成。

以网络文学为例，以ChatGPT为代表的各类大模型纷纷亮相，证明了起码在文字生成方面AIGC已经朝产业化迈进。从实际操作的角度来看，有网络文学作者尝试使用ChatGPT，发现如果能熟练掌握输入指令，并学会如何对生成的结果进行修改，可以将以往章节的写作时间缩短至少1/3。有读者认为，ChatGPT生成的故事美感不足，读起来较为生硬，故事情节的走向很仓促，“人工痕迹”比较明显，尚不足以与一般的网络文学媲美甚至将其取代。因此，如果作者或读者对作品的文笔、行文逻辑和文学性有要求，目前人工智能还达不到足够的高度。未来AIGC是否能对网络文学产生更深远的冲击，取决于技术的进步和实际应用的情况。

而从产业价值的角度来看，已经有与网络文学相关的公司与技术公司合作，开始探索AIGC的商业模式。

案例：澜舟科技和中文在线携手打造AIGC创新产品

澜舟科技是一家成立于2021年的年轻公司，定位于认知智能的研发与应用。澜舟科技使用的是孟子轻量化多任务模型。多任务模型是一种可以同时处理多项任务的深度学习模型，这些任务共享底层任务特征处理器，从而形成更加通用的特征表示。孟子大模型可以用来聊天、问答、翻译、文本生成、信息抽取等，也可以将搜索结果、领域数据和知识图谱都融入输出成果当中，具有用于辅助写作、机器翻译、情感分析、智能检索、智能客服、文档解析等多领域的模块化能力。

目前，澜舟科技的业务线之一就是大文娱AIGC解决方案。大文娱行业主要面临的痛点是：内容创作门槛高且质量良莠不齐；生产周期长，从内容策划、素材搜集、框架搭建到实际制作等各个环节都需要时间和成本投入；内容协同难，大文娱内容生产涉及文字、图片、音视频等多种类型组合搭配，需要深度策划及分工作业，对团队的专业能力和配合度要求较高。

澜舟科技提供文学辅助写作、营销文案写作、文图生成等功能，帮助从业人员获取灵感、提高工作效率。澜舟科技携手中文在线，打造了“AIGC+网络文学”的生产模式，除了在文学创作领域进行商业化探索之外，还将围绕IP产品在漫画、动画、视频等垂直细分领域发力，制作更多元化和市场化的产品。

中文在线是中文互联网头部网络文学平台，具有多年的内容生产经验。作为率先布局AIGC的公司之一，中文在线具有海量正版数字化内容沉淀，为AI模型的训练和改进提供了基础数据。中文在线和澜舟科技的合作，能够将澜舟科技的技术优势和中文在线的内容优势结合起来，推动AIGC产业化发展。

另一个与AIGC关联度高的行业是游戏，这里的游戏指的是狭义的客户端游戏软件，不包括硬件。AIGC可以应用于游戏制作整个环节。见表7.3。

表7.3 AIGC应用于游戏制作各个环节

游戏开发的步骤	AIGC起到的作用
游戏策划	分析用户需求及偏好，生成精准的策划方案，帮助游戏找准定位，并为后续内容分发做好基础工作
代码撰写	自动生成部分代码，帮助程序员检查代码并修订bug，帮助不同语言代码转化
音频音效	生成背景音乐、音效，人物语音
美术设计	帮助设计师确定画风，生成画面素材，根据提前设定的风格和要求，自动生成相关画面
人物制作	生成人物设定方案，包括性格、年龄、性别、外表、成长教育经历、价值观等；通过AIGC图像生成功能，生成人物外在形象
3D建模	完成游戏中各类涉及3D建模的部分，协助设计师进行不断完善
CG动画	生成游戏中的CG动画

AIGC帮助用户提升游戏体验。比如让NPC对话更加丰富、故事剧情有更多分支和选择、网络游戏中加强反作弊及AI托管功能、强化不同语言的翻译准确性。比如，以往游戏中的人物对话，有时是固定的选项，有时是事先设定的关键词触发，回答是固定的模式。而AIGC能够让人物对话产生更丰富的内容，玩家可以拥有更高的自由度，真正实现NPC与玩家的深度互动，提高玩家的代入感。热门游戏《逆水寒》在2023年3月宣布，将为游戏中的NPC植入人工智能技术，实现上述开放式的对话和互动。

AIGC还可以在电竞赛事中发挥重要作用。在赛事分析方面，AIGC可以生成阵容分析、赛后数据分析和赛事回放；在电竞解说方面，AIGC可以根据数据模型，生成不同的解说文案，如果结合语音生成，能形成智能解说；在赛事回放方面，AIGC可以自动识别和分析视频内容，按照指令剪辑成合适的内容。

案例：启元世界

成立于2017年的启元世界，是一家通用人工智能科技公司。与其他AI技术公司有所不同，启元世界在创办之初就拥有了明显的游戏基因。

2016年，启元公司创始人袁泉观看了AlphaGo和李世石那场给世界带来震撼的人机之战。最终DeepMind团队打造的AlphaGo战胜了世界上最强的人类棋手。这场比赛让袁泉看到了通用型AI的未来。

2017年在国际机器学习大会（International Conference on Machine Learning）上，DeepMind团队讲述了AlphaGo背后的技术。袁泉在现场聆听了关于深度学习和强化学习的介绍，受到了深深的启发。会后他与两位好友相聚，畅谈深度学习到深夜，还找了个网吧一起玩《星际争霸》，这俩人就是启元世界的另外两位创始人龙海涛和王湘君。

可能是命定的缘分。后来袁泉回到阿里后，和龙海涛等人共同成立了认知实验室，对AI操作《星际争霸》展开了研究。他们的研究方向是如何利用AI进行游戏决策，游戏里的角色如何形成对抗，从而让AI赢得游戏胜利。但是在当时，这项技术难以在阿里的业务中落地，于是他选择了出来创业。

启元世界在2017年的天使轮就获得了高榕资本和莉莉丝游戏数千万元人民币的投资，2018年完成Pre-A轮融资，2021年实现A轮融资共3亿元人民币，由GGV纪源资本领投，嘉御基金跟投，高榕资本和莉莉丝游戏也继续加注。

经过几年的发展，启元世界利用自研垂类大模型，围绕游戏业务打造了在线陪玩、生态填充、新手教学、智能托管、平衡性验证、自动化测试等应用场景，推出了AI玩家、AI角色、AI设计师、AI指挥官等产品。比如，灵犀互娱的《三国志·战略版》就采用了启元世界的解决方案，让SLG（回合制策略游戏）中增加更多人物的组合以及对战中的玩家参与度，改变了以往玩家只能看战斗数值的场景，提高了体验感。此外，在热门游戏《三国志·战棋版》《万国觉醒》《Farlight 84》当中，均有启元世界的身影。

— 第八章 —

AIGC带动基础产业新发展

前面，我们已经深入探讨过AIGC的技术体系及每个部分的硬软件需求。随着AIGC的产业融合发展，市场对这些基础产业的需求也在不断提升。AIGC的基础产业体系由一条完善的产业链组成，产业链上游是服务器、网络设备等硬件设施，中上游是数据中心等物理空间，中游包括云计算服务，下游是具体的IT服务，而AIGC是在这个体系之上，通过大模型形成的技术应用。见图8.1。

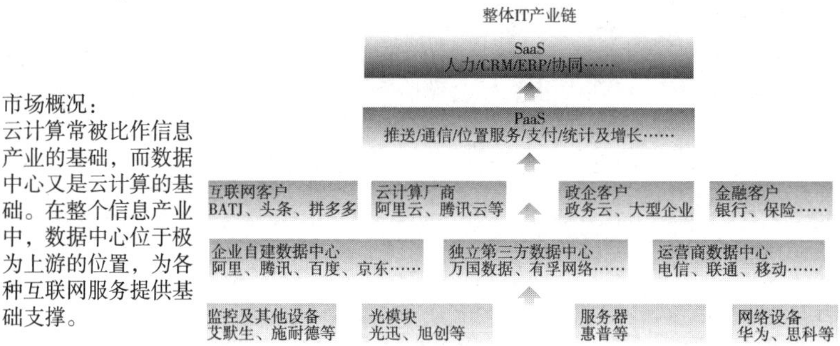

图8.1　整体IT产业链

AIGC发展硬件：芯片和服务器

万事开头难——AI芯片企业发展的困境

在国际市场上，根据加拿大头部行研机构Precedence Research的数据，2022年全球人工智能芯片市场规模估计为168.6亿美元，预计到2032年将达到2274.8亿美元左右，2023年至2032年的复合年增长率为29.72%。[①]从不同的维度来看：

- 地理维度：北美地区在人工智能芯片市场上占据明显的主导地位。
- 技术维度：机器学习领域是人工智能芯片的主要应用场景。
- 芯片类型：CPU占据重要地位。
- 芯片用途：用作边缘处理的部分在2022年占据75%以上的收入份额。
- 用户划分：银行、金融服务及保险（Banking，Financial Services and Insurance，BFSI）占据重要的市场份额，预计在未来的十年中将保持长期增长。

在国内市场上，根据艾瑞咨询的数据，2022年我国人工智能芯片市场规模约在385亿元，预计2027年将达到2164亿元。

① https：//www.precedenceresearch.com/artificial-intelligence-chip-market。

同时，人工智能芯片结构将进一步优化，预计到2027年中国AI训练芯片与推理芯片的比例将分别达到23.7%与76.3%；云端、边缘侧、端侧AI芯片的比例将分别达到49.1%、27.8%与23.1%。①

我国芯片创业的热潮可以追溯至2015年到2016年。2014年我国宣布成立国家集成电路产业投资基金，发起人包括国开金融、中国烟草、亦庄国投、中国移动、上海国盛、中国电科、紫光通信、华芯投资等大型国有企业和头部投资企业，基金规模超过千亿元。该基金带动了芯片生产的热潮，号称“天寒地鉴”的四大AI芯片企业（云天励飞、寒武纪、地平线、深鉴科技）都在此期间诞生，成为我国AI芯片行业的领头羊。目前“天寒地鉴”中的云天励飞和寒武纪已在科创板上市，深鉴科技已于2018年被美国的AI巨头赛灵思收购。

表8.1　国内AI企业的发展状况

企业名称	成立时间	上市时间	市值（截至2023年4月16日）	上市板块
云天励飞	2014年	2023年4月4日	266.39亿元人民币	科创板
寒武纪	2016年	2020年7月20日	808.51亿元人民币	科创板
地平线	2015年	未上市		
深鉴科技	2016年	2018年被美国AI巨头赛灵思收购		

资料来源：公开信息。

① 艾瑞咨询《中国人工智能产业研究报告》。

案例：寒武纪

寒武纪公开的财务信息显示[①]，从2017年到2021年1至9月，其营业收入均为负数，其亏损原因首先是存货增加，4年间寒武纪的存货分别为5400万元、9900万元、3.2亿元和4.9亿元，呈现上升态势。其云端产品思元100、思元270已处在生命周期末期，销量下降，边缘产品思元220销售未能达到预期。其次，2022年因各方面因素影响，部分客户未能及时付款，导致寒武纪账上应收账款增加了11.33%，存在坏账风险。

实际上，自成立以来，寒武纪一直在进行融资。2016年元禾原点、涌铧投资和科大讯飞投资寒武纪天使轮5000万元人民币，此后又进行了9轮融资。除了未披露金额，寒武纪累计融资额度超过了72亿元，但依然未能挽回亏损的局面。这里面不仅涉及技术问题，还涉及企业经营问题，寒武纪长期依赖特定大客户，风险抵抗能力较低。

2016年，寒武纪推出首款AI处理器Cambricon-1A，这款明星产品奠定了其“中国第一AI独角兽”公司的地位。2017年华为与寒武纪牵手，在手机AI芯片麒麟970上搭载了寒武纪的NPU模块，寒武纪迅速走红。从2017年到2019年，

① 中信证券股份有限公司《关于中科寒武纪科技股份有限公司 2022年度向特定对象发行A股〈上市保荐书〉》。

寒武纪对华为海思终端销售金额为771.27万元、1.14亿元和6365.80万元，占公司终端智能处理器IP授权业务销售收入比例的100.00%、97.94%和92.56%，可见其对华为业务的依存度极高。

2018年华为海思发布了云端芯片和边缘芯片。同年，华为还宣布了“达芬奇计划”，该计划旨在自主研发应用于云端的AI芯片昇腾910和应用于边缘计算的昇腾310，并将该类芯片应用于华为自己的产品中。此后，寒武纪的营收开始断崖式下跌。

2019年，寒武纪获得了横琴先进智能计算中心项目和西安市西咸新区沣东人工智能计算创新中心，凭借两个大体量的IDC项目，寒武纪顺利地登陆了科创板。

2022年3月，时任寒武纪CTO和副总经理梁军宣布离任。此人曾在华为任职多年，曾经在华为海思进行手机SoC设计、网络芯片架构设计等方面的工作。其在2017年加入寒武纪担任CTO和副总经理时，被外界认为是“华为系”高管。梁军的离任标志着寒武纪彻底与华为脱离关系，未来需要更加独立的发展。

在发展的困境中，寒武纪并非没有调整过战略，他们在云端AI芯片上也投入了精力，但这条路面临着巨大的障碍——各互联网公司和科技巨头均在开发自研产品，比如百度的昆仑AI芯片、阿里的玄铁CPU和含光AI芯片等。未来面对激烈的竞争，寒武纪需要确保自己的产品能够与大厂产品相媲美，在目前仍然亏损的情况下，这是个棘手的难题。

经过多年的市场考验，“天寒地鉴”中的云天励飞2023年4月成功在科创板上市，但是和寒武纪一样，这个明星公司同样至今未能实现盈利。云天励飞主要为政府及大型国央企提供服务，公司议价能力相对被动，因此回款能力取决于客户企业本身的特点及财务流程。

寒武纪和云天励飞的情况，实际上反映了我国不少AI芯片企业面临的困境。众所周知，AI芯片是一项技术门槛高、研发周期长、资金投入大的产业，芯片设计完成后，需要进行流片，这个步骤一旦失败，甚至可能直接拖垮整个公司。

流片是芯片从设计到批量生产及上市的中间一个环节。芯片设计公司将方案交给制造商，由制造商实际生产一部分样品，检测芯片是否可用，或者根据结果进行优化。如果检测通过，那么该种芯片就可以大规模生产了。步骤虽然很简单，但这个过程却非常昂贵，14 nm工艺芯片，流片一次需要300万美元左右，7 nm工艺芯片，流片一次需要3000万美元，5 nm工艺芯片，流片一次要超过4000万美元。而且，流片一般需要3个月左右的时间，从原料准备、光刻、掺杂、电镀到封装测试，要经过100多道工序。因此，如果流片失败，企业需要承担巨额的经济和时间成本损

表 8.2　云天励飞和同业企业业绩相关数据

云天励飞和同行业AI公司2018—2022年业绩表现　单位：亿元						云天励飞和同行业AI公司2018—2022年大客户依赖表现　单位：%					
年份	2018	2019	2020	2021	2022	年份	2018	2019	2020	2021	2022
商汤科技	−34.28	−49.63	−121.58	−171.40	−31.58 (H1)	商汤科技	28.40	26.30	31.40	59.3（H1）	/
云从科技	2.00	−6.92	−8.44	−6.64	−609 (Q1–Q3)	云从科技	/	51.83	27.92	69.58	/
旷视科技	−28.00	−66.43	−33.26	−18.65 (H1)	/	旷视科技	15.64	24.85	39.48	69.58	/
依图科技	−11.68	−36.47	−13.03 (H1)	/	/	依图科技	33.09	51.12	62.02	/	/
寒武纪	−0.41	−11.79	−4.35	−8.30	−9.83 (Q1–Q3)	寒武纪	99.95	95.44	82.10	88.60	/
云天励飞	−1.99	−5.10	−3.96	−3.90	−2.3 (H1)	云天励飞	/	52.11	59.70	44.77	52.19（H1）

资料来源：公开信息。

失。如果流片通过，企业只是迈出了“万里长征第一步”，在实际生产中，仍然可能存在各种芯片出品的质量问题。

除了流片问题，AI芯片企业还面临着一些具体问题，比如：一些企业不熟悉下游硬件端的具体需求，生产出来的芯片卖不出去；芯片设计团队与软件团队脱节，设计芯片只考虑硬件问题，而没有顾及软件使用的问题；研发流程缺乏有效的管理，效率低下，导致产品刚研发好就被市场淘汰；不少AI芯片企业对大客户的依赖度较大，无法形成有效的护城河，单个客户的变化很容易影响到企业的经营情况。另外，越来越多的巨头自己下场，不仅参与AI芯片的研发，同时将芯片与自身大模型相结合，并与自家产品形成一条龙的生态，这将使得中小型AI芯片企业面临激烈的竞争。

乘风破浪：AI芯片企业发展新机遇

虽然我国AI芯片企业对内面临市场的压力，对外面临国际环境的变化和“卡脖子”的问题，但困难中往往蕴含着发展的机遇。我国AI芯片在克服困难的同时，依然有很多机会：

首先是国家和社会的支持。2019年，国家集成电路产业投资基金二期股份有限公司（简称“国家大基金二期”）注册成立，注册资本为2041.5亿元，主要股东包括财政部、国开金融、中国烟草、北京亦庄、中国移动以及上海国盛等。在一期基金投资完成的背景下，我国芯片产业整体取得了长足发展。同时，我国不断建立健全支撑政策。2020年，国务院印发了《新时期促进集成电路产业和软件产业高质量发展若干政策》；2021年发布的《中华人民共和国国民经济和社会发展第十四个五年规划和2035年远景目标纲要》中指出，“制定实施战略性科学计划和科学工程。瞄准人工智能、量子信息集成电路等前沿领域，实施一批具有前瞻性、战略性的国家重大科技项目”。

其次是资本逐步回归理性。在市场大浪淘沙之下，优质企业将会脱颖而出。

服务器：芯片之外的大脑皮层

如果说AI芯片是人工智能大脑的神经元的话，那么组成人工智能大脑还需要大脑皮层将内部结构包裹起来，形成完整的大脑。对于AI来说，包裹芯片的大脑皮层就是AI服务器。AI服务器是专门为人工智能打造的服务器，通常采用由多个GPU卡组成的集群，可以并行处理大规模的计算任务，加速深度学习、机器学习等人工智能模型的训练和推理。AI服务器还常常配备大容量内存和高速存储器，以支持海量数据的处理和存储。按照不同的维度，AI服务器有不同的类型（见表8.3）：

- 按应用场景：训练AI服务器和推理AI服务器。
- 按芯片类型分：CPU+GPU、CPU+FPGA 、CPU+ASIC 等组合，目前主流为CPU+GPU，占比超过90%。

表8.3　AI服务器的不同类型

类型	介绍	优势	流程
通用服务器	提供计算服务的硬件设备，位置相对固定	2019	PC单机
商汤科技	将规模级的底层服务器通过集约化、虚拟化来构建云端资源池，并从资源池中调配训算资源组建而成	支持资源的弹性调配，具有扩展性和灵活性，采用分布式存储	云架构
边缘服务器	将终端采集的数据，交由本地的网关设备直接进行处理后，再上传到云端使应用程序、数据和计算能力更接近用户	减少网络传输资源的消耗，满足对实时性的要求，解决安全和隐患问题	加入边缘层
AI服务器	采用异构形式，通过加入GPU采用并行计算模式，解决CPU提供算力时核心数据已接近极限的问题，可应用于处理密集型运算	采用GPU并行计算，提高算力	GPU增强并行计算能力

资料来源：浙商证券研究报告。

AI服务器与普通服务器在内存、存储和网络方面无差别，但AI服务器会采用异构形式，根据不同应用场景采用不同的组合，极大地增强了计算能力。

在AIGC快速发展的趋势之下，算力需求主要体现在两个方面：一是算力总规模的变化，比如GPT-4模型的参数能达到1.5万亿个，算力需求为31271 PFlop/s-day；二是算力资源分配结构将优化，根据IDC预测，目前AI服务器训练需求占比41.5%，推理需求占比58.5%，而到2025年训练需求将下降至39.2%，推理需求上升至60.5%，即更多算力资源将用于模型的推理[①]。见表8.4。

表8.4　国内外厂商的布局大模型

参数量与算力需求成正比关系（以GPT为例）			国内外厂商加速布局大模型				
模型名称	参数量	算力需求	PC单机	厂商	模型名称	参数量	算力需求
GPT-3 Small	1.25亿个	2.6 PFlop/s-day	国外厂商	Google	LaMDA	1370亿个	2850 PFlop/s-day
					PaLM-E	5420亿个	11690 PFlop/s-day
GPT-3 175B	1746亿个	3640 PFlop/s-day		Hugging Face	Bloom	1750亿个	3640 PFlop/s-day
GPT-4	最高15000亿个	最高31271 PFlop/s-day	国内厂商	百度	ERNIE 3.0 Titan	2600亿个	5408 PFlop/s-day
				阿里	M6-OFA	100000亿个	208000 PFlop/s-day
				华为云	盘古NLP	2000亿个	4160 PFlop/s-day
				腾讯	混元AI	>1000亿个	>2080 PFlop/s-day

资料来源：浙商证券研究报告。

注：参数量与算力需求量成正比，据ARK Invest预测，GPT-4参数量最高达15000亿个，则GPT-4算力需求最高可达31271PFlop/s-day；

与此同时，国内外厂商加速布局大模型，其参数量均达到千亿级别，同步带动算力需求爆发式增长。

① 浙江证券《大模型算力需求驱动AI服务器行业高景气》。

而从市场规模上看，IDC曾预测，2023年全球AI服务器市场规模为211亿美元，预计2025年达到317.9亿美元，而在中国市场方面，2021年中国AI服务器市场规模为53.9亿美元，预计2025年达到103.4亿美元。也就是说，根据目前的测算，在未来的三年内，中国AI服务器市场增速加快，并将成为全球市场的主要力量之一。

案例：浪潮信息①

浪潮信息是中国服务器行业头部企业，其前身可以追溯到1945年生产教学仪器的上海公私合营鑫泰昌仪器厂（一说为1960年成立的山东省教学仪器厂）。1989年，山东计算机服务公司联合山东电子设备厂、山东电子研究所、山东电子器材公司和中国电子进出口公司山东分公司等共同组建浪潮电子信息产业集团公司。1998年，浪潮电子信息产业股份有限公司成立，也就是我们今天普遍提到的“浪潮信息”，浪潮集团是其最大股东，持股35.87%。

正如企业的名字一样，浪潮信息一直在引领我国服务器行业的“浪潮”，经历40年的积累，聚集了巨大的力量。1983年，第一台浪潮微型计算机在济南诞生，标志着我国IT行业的新起点。2003年，浪潮信息推出了天梭系列产品，其中浪潮天梭T20000第一次打开了我国高性能商用计算领域的

① 浪潮官方网站。

大门。2004年，浪潮天梭产品打破了之前由IBM保持的全球商业智能计算世界纪录（TPC-H），并保持至今。2007年，浪潮高效能服务器和存储技术国家重点实验室成立。2010年到2014年，浪潮开始朝云计算服务器及大数据服务商转型升级，2018年提出建设“云+数+AI”新型互联网企业。

目前，浪潮信息在全球122个国家和地区部署了业务，拥有超过10个国家级创新平台和8个全球研发中心。浪潮信息在我国计算机领域乃至科技领域担任关键角色，具有起步早、基础扎实、超前谋划布局等先天优势，同时兼具互联网企业的创新能力和发展动力。

根据公开数据，2022年浪潮信息总营收达695.25亿元人民币，截至2023年4月市值超过620亿元人民币。

作为全球服务器行业的领头羊，浪潮信息在AI方面已经做了部署。2021年下半年，浪潮信息发布了大模型“源1.0”。据悉，该模型是面向中文的超大规模预训练自然语言模型，比GPT-3的参数增加4倍，训练数据集增加10倍，并使用了5 TB的高质量中文数据。不仅如此，浪潮信息正在推进大模型的应用场景，如“AI剧本杀”、“心理咨询AI陪练”、“AI反诈”、“金陵诗会”、企业“智能客服大脑”等。

入局大模型，加上其本身具备的服务器优势，浪潮信息将在AIGC行业大展拳脚。因为浪潮信息已经具备了涵盖计算、存储、网络等基础服务能力，并为客户提供云计算、大数据、人工智能、边缘计算等各类解决方案，基本上打通了互联网、人工智能等相关信息技术领域的所有底层技术，具备向各类下游企业赋能的实力。因此，在AIGC爆发的行情下，浪潮信息将有更好的发展机会。

案例：英伟达和DGX服务器

在ChatGPT发布之后，英伟达被认为是全球企业中的“大赢家”。从服务器产品到创始人黄仁勋个人都备受瞩目。

2023年3月21日在GTC开发者大会上，60岁的黄仁勋介绍了英伟达的最新动作，包括：

- 搭载8个A100 GPU层的AI超算云服务DGX Cloud。
- 每个月花费3.7万美元在互联网上训练ChatGPT。
- GPU HGX A100是目前云上唯一处理ChatGPT的，计算效率比前代提高超10倍。
- 芯片计算光刻软件库cuLitho，将ASML光刻计算速度提高了40倍。
- 英伟达发布了首个GPU加速的量子计算系统Quantum Machines。
- 与比亚迪开展汽车解决方案方面的合作。

- 与亚马逊在AWS模型训练和AI应用方面展开合作。

这一切都让英伟达看起来是明星企业中的明星。实际上，2023年英伟达的股价上涨了77%，但2022年其收入增长率为0.22%，收益增长率为–54%，处于营收增速下滑的状况。但为何资本市场却如此看好英伟达呢？

因为它在服务器市场上具有明显的产品优势。据Similarweb数据测算，ChatGPT大概需602台DGX A100服务器才能承受目前的访问量。DGX A100服务器是以NVIDIA A100 Tensor Core GPU为核心搭建的、适用于AI的通用型系统，能够将训练、推理和分析放在一个AI基础架构中，具有简单、已部署的特点。针对AI业务需求，英伟达还对服务器进行了优化，优化后的NVIDIA DGX H100 AI搭载了8个H100 GPU模组，可提供32 PetaFLOPS的算力，目前已经量产。

在硬件的基础上，英伟达形成了更加全面的发展战略：芯片出售、服务器租赁、云服务。其中，英伟达的云服务NVIDIA DGX™ Cloud是针对企业具体需求进行调整的多节点AI训练即服务解决方案，服务方案中包括了NVIDIA AI软件。通过底层算力（芯片和服务器）、算法软件和云计算，英伟达也朝向AI基础设施迈进。

在AIGC的带动下，AI服务器行业呈现出一些新的特点：

- 新需求快速增长。根据IDC的数据，2019年，互联网行业占国内服务器市场出货量的38.40%，政府约占15%，运营商约占12.80%。而随着AI时代的到来，云计算行业对服务器的需求快速上涨，同时定制化成为新的需求。
- 新的制造模式。浪潮信息首次开创了JDM（联合设计制造）模式，打破传统纯代工或设计的模式，打造“品牌+定制化”的优势，提高上游厂商毛利率。
- AI服务器领域毛利率高，上下游需求结构相对分散，未来仍然有充足的发展空间。技术和核心服务能力将成为相关公司脱颖而出的关键。

算力基建：数据中心

随着互联网时代的到来，数据已成为生产资料，数据中心的基础设施属性日益显著，成为各类数字化产业的“刚需”。早在1940年数据中心就已经出现，但当时仅作为管理计算机设备的物理空间使用。随着互联网的兴起，数据中心的定位逐步清晰。20世纪90年代，数据中心的主要作用仍然是为客户提供主机托管服务，包括场地、电力、网络带宽和通信设施等基础设备，而运营维护工作则多由电信运营商提供。1995—2004年，数据中心除了主机托管外，还增加了网站托管的业务，包括数据存储、网络安全管理等。2005年之后，数据中心逐步转型升级，朝大型化、虚拟化、综合化方向发展，云计算的发展让部分数据处理业务与物理实体脱离。这个阶段的数据中心能够按照客户需求提供更精准的服务，同时还将能耗、成本等更多因素考虑进去。

数据中心的建设和运营是一项大型工程，其产业链涉及的参与者众多，从水电网基础设施到服务器设备供应商等，从建筑设计到工程实施、内外装修，再到后期落地后的运营维护，等等，囊括了计算机通信行业、建筑业、机械制造业、物流等多个行业，是资金密集型和技术密集型行业。

一般来说，数据中心的运营有两类。一类是传统的通信运营商，比如中国电信、中国联通、中国移动，它们在通信行业基础扎实、资金充裕、通信资源强、市场覆盖面广，能够深入三四线及以下城市，在运维方面具有天然的优势。另一类则是相对市场化的第三方运营商，比如世纪互联、万国数据等，它们具备丰富的运维经验和技术，专业性强，能够为客户提供更加灵活和便利的服务。但传统运营商和第三方机构并不完全是竞争关系，双方可以在带宽资源上形成互补型的合作。

我国在数据中心方面已经制定了整体战略方针——东数西算，它不仅代表着我国数据中心未来发展的整体走向和布局，更代表着未来算力从整体规模到结构优化的进步。

东数西算——优化算力资源配置的最佳实践

2022年，我国正式提出“东数西算”工程，来解决我国算力资源地区分布不均衡的问题，从而推动算力的资源优化。长期以来，我国东部地区经济发展、数字经济和互联网经济发展，对数据资源和算法需求大、要求高，但由于条件限制无法满足自身算力需求。东部经济发达地区土地供给、水电供应成本高、供应紧张，政策对数据中心等高能耗项目管控严格，因此难以实现算力资源的自给自足。而西部地区土地供给充足、各项成本相对较低，稳定的自然地理环境也适合建设大数据中心。

根据前瞻研究院的数据，截至2022年，我国数据中心26%分布在上海及周边地区，21%分布在北京及周边地区，16%分布在广深及周边地区，而中部地区和西部地区占比分别为15%和19%，呈现明显的不均衡特点。[①]“东数西算”工程，旨在将东部地区的数据输送到西部进行运算和处理，解决地区间算法供需不均衡的问题。

一般来说，数据按照被访问的频率可以分为冷数据、温数据和热数据。热数据使用频率高，对即时性要求更高，一般需要就近计算，比如医疗数据、工业制造数据等；冷数据访问频率低，对响应的速度要求低，可以集中化部署，比如

① 前瞻研究院《大国算力——2022年东数西算机遇展望》。

离线数据、灾备数据、用户画像的数据等；温数据介于二者之间，使用频率高但对即时性要求较低，比如用于人工智能模型训练的数据。三种数据由于特质和使用要求不同，因此采用不同的部署方式。冷数据和部分温数据可以通过“东数西算”工程，让西部地区承载算力任务，而热数据和温数据则仍然采用区域或城域部署的方式，就近实现数据的运输和处理。

通过将不着急的任务分配出去的方式，一方面降低了东部地区的算力负担，节约了时间和成本；另一方面也将西部地区的资源充分调动和利用起来，实现更加优化的分工，加强了产业链的协同性。对于地区发展而言，“东数西算”为西部地区带来了新的经济增长点，数据中心的建设带动了上下游一系列产业的联动，同时数据周边的相关产业也能带动新的就业机会和人才流动，比如信息技术服务、咨询、数据分析等。

“东数西算”工程的意义不仅在于解决技术和部分经济问题，对于能源低碳化转型的战略目标也起到促进作用。输配电成本在电力资源的调配中占据较大的比例，而国内电力资源也存在着区域不均衡，因此“东数西算”工程可以减少不必要的电力调配，最大限度地降低能耗，实现节能减排。

“东数西算”工程是一项国家级的重大工程，经过了数年的规划和立项，目前计划在京津冀、长三角、粤港澳大湾区、成渝、内蒙古、贵州、甘肃、宁夏启动建设国家算力枢纽节点，同时规划了10个国家数据中心集群。至此，全国一体化大数据中心体系战略规划、发展思路、空间部署已经明确，在各个集群的总体框架下，以各地具体的扶植政策为依托，以具体项目为引领，逐步发挥集群的地区辐射、全国引领的作用。

比如广东省韶关市，以浈江工业园、曲江白土开发区、莞韶城为物理空间，规划面积418亩的区域，围绕大数据产业出台了运营补贴、市场培育、研发补助、人才培训、固定资产投资等多个方面的政策，出台了电子信息制造业招商资质政策，包括厂房设施的补助、人才奖励和重大项目支持。在政策的引领下，充分发挥韶关市的区位优势，同时通过大湾区的重点项目，带动产业集群的发展。韶关集群预计在2025年建成50万台标准机架、500万台服务器规模。在“东数西算”工程体系下，国内重点集群还有张家口集群、芜湖集群、天府集群、重庆集群、贵安集群、庆阳集群以及和林格尔集群等。

“东数西算”工程是一项长期的工程，在具体实施的过程中也将面临很多机会和调整，但从目前情况来看，“东数西算”工程从战略部署到实施落地，均是提升算力的典型案例。

中国信通院《数据中心白皮书（2022年）》的数据显示，2021年全球数据中心市场规模超过679亿美元，增长率为9.8%。

预计2022 年市场收入将达到746亿美元，增速总体保持平稳。2021年，我国数据中心行业市场收入达到1500亿美元左右，近三年年均复合增长率达到30.69%。见图8.2。

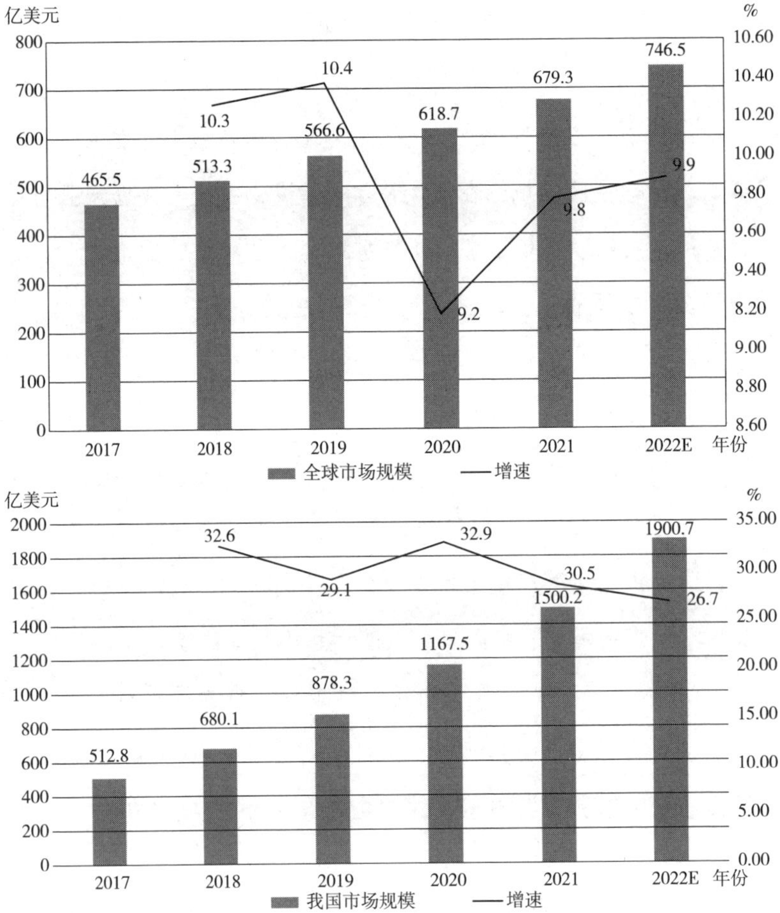

图8.2　全球数据中心市场规模和我国数据中心市场规模及增速

资料来源：中国信息通信研究院。

我国数据中心市场呈现出规模大、增速快等特点，数据中心形态也朝多元化方向发展，比如云计算中心、智算中心、边缘计算中心等更专业化的数据中心不断涌现。人工智能计算中心是以AI新型计算能力为基础打造的数据中心，以基于人工智能芯片构建的人工智能计算机集群为基础，主要应用于人工智能深度学习模型开发、模型训练和模型推理等场景，提供从底层芯片算力到顶层应用的全部能力。以智算中心为基础，AI不仅能实现大模型的不断进化、基础能力的不断提升，而且能与应用场景相结合，实现新业务的应用落地。

云计算：AIGC的重要支撑

在AI大时代，云计算是大模型训练的必由路径，就像电力时代电力普及的过程。当电力刚刚兴起后，华尔街资本认为每户人家都应当拥有发电机，从而实现电力的普及，而爱迪生的私人秘书塞缪尔·英萨尔（Samuel Insull）却用大型蒸汽涡轮机来生产廉价的电力，极大地降低了成本。后面的事情我们都知道了，电力产生后采用输电的方式，每户人家都可以方便地使用；而塞缪尔·英萨尔后来也成为通用电气的总裁。

在AI时代，云计算能解决的问题，就是帮助大模型企业不再需要自己部署算力设施，而将训练过程搬到云上。云计算企业在

AI时代，就好比淘金热时代向淘金者们出售铲子的人。

一般来说，按照部署方式来划分，云计算分为公有云、私有云、混合云。

- 公有云：云服务商面向公众提供云计算服务，特点是成本低、无须维护、使用方便并且可扩展，适用于大部分一般用户。
- 私有云：仅面向特定用户提供的云服务。用户可以自行部署和运营维护，也可以将此部分外包出去。相较于公有云，私有云具有更强的安全性和隐私性，适合对数据安全要求高的用户。
- 混合云：同时部署公有云和私有云的场景。用户在本地部署私有云，用于处理核心业务，并对外公开提供部分公有云服务，从而实现IT资源的优化配置。混合云能够兼具私有云的安全性和公有云的便捷性，因此也常常被大型企业采用。

按照服务模式划分，云计算可以分为IaaS（基础设施即服务）、PaaS（平台即服务）及SaaS（软件即服务）。

- IaaS：由服务商搭建底层基础设施（包括物理设施和网络等），用户可以在此基础上进行软件开发等活动。IaaS具有成本低、用户灵活度高等特点。常见的服务包括虚拟机、虚拟网络以及存储等。
- PaaS：由服务商提供应用开发工具、应用开发环境，以及应用托管、运维等服务，并部署在云端，帮助用户减少开发流程。常见的服务包括：人脸识别开源系统、语音识别系统等。

- SaaS：由服务商提供云端应用软件，用户根据需求接入网络，即可使用这些软件。SaaS进一步降低了用户的技术门槛和前期投资，减少了运维压力和成本。常见的服务包括：企业OA、CRM等。

目前在全球范围内，公有云市场上以SaaS为主，2021年SaaS在云计算服务市场中占比为46%；中国市场上，以IaaS为主，2021年IaaS市场占有率为74%，竞争激励、集中度高，头部厂商包括阿里云、天翼云、腾讯云、华为云、移动云等，新的进入者相对较少，市场竞争主要集中在大厂商之间。腰部厂商较难与上述大厂商竞争，但仍然能够通过专业细分赛道，深耕垂直领域来提升市场竞争力。

案例：首都在线打造AIGC大模型基础设施

首都在线2005年成立于北京，2020年在深交所创业板上市，目前总市值为76.09亿元。业务范围遍及中国及亚太、欧洲、美洲等国家和地区，拥有24个地域，52个可用区，94个数据中心。以云网一体化的产品和服务为主营业务，包括弹性计算、全球网络、IDC服务、数据处理和安全等，应用范围涵盖数字孪生、人工智能、工业互联网、车联网、大数据、教育、金融、视频、电商、游戏、医疗、政府。

首都在线针对AIGC的发展和未来需求，与燧原科技合作打造了AIGC算力集群解决方案。该算力集群是以燧原科技T20人工智能训练加速卡（即AI芯片）为基础打造的，具有模型覆盖面广、软件生态开发、可扩容及伸缩等特点，能够适应AIGC在模型预训练及微调阶段的各种需求，并且支持主要的AI框架。其中首都在线提供底层基础设施支持，燧原科技提供技术层支持，双方形成合力。

在云计算服务方面，首都在线推出了集成式云服务平台——“首云”。

— 第九章 —

AIGC 如何赋能新兴产业

围绕AIGC技术，除了让现有产业焕发生机和促进基础性产业发展之外，AIGC与新兴产业的关系也非常密切。

虚实相生：元宇宙

2021年“元宇宙”的概念突然火遍了全球，一夜之间我们好像来到了一个科幻时代，以往只能在电影和小说中出现的场景仿佛不再遥远。实际上，虽然元宇宙目前仍然处在早期阶段，距离大规模产业化还有很长一段路要走，但它代表着互联网形态升级的发展趋势。

元宇宙是一种虚实结合的概念，旨在打造一个以互联网技术为依托的虚拟空间。在这个空间中，人们在物理世界中的行为都可以正常进行。元宇宙的设想并不是凭空而来，而是基于现实的技术和经济的发展现状。首先，互联网经过了50年的发展，从形态到技术已然成熟，商业化程度高，产业化赋能也深入了各行各业，因此需要寻求新的突破。其次，通信技术的提升、算力基础设施的改进和人工智能技术的应用，为元宇宙提供了技术上的可能。另外，从人的角度来说，我们经历了Web 3.0时代，在信息的浪潮下经历了思想认知的洗礼，内在需求发生了根本性的转变——我们在享受科技带来的便利的同时，也在呼唤科技的人文属性。而元宇宙能满足我们内心的呼唤。

未来技术完全成熟后，元宇宙能真正实现“虚实相生”。所谓虚实相生，既代表虚拟世界帮助解决现实世界中的问题，又代表虚拟与现实相结合，形成新的产业业态。举个例子，我们现在想要约一个外地的友人，如果双方无法前往某地相见，那么我们可以打电话或视频。但即使我们使用视频，也只是能看到对方的样子和表情，仍然有“隔着一层屏幕”的冰冷感。而元宇宙时代，我们可以利用可穿戴设备，将自己化身为一个数字人，双方在虚拟世界中的茶馆或会议室见面，这时我们感受到的是“真实”的面对面畅聊之感。这就是元宇宙帮助我们解决现实问题。

在元宇宙技术体系中，AIGC能够起到至关重要的作用，除了技术底座之外，元宇宙中最重要的部分就是内容。在前文我们讨论了专业内容生成、用户内容生成以及二者过渡到AIGC的演变，其背后的根源实际上是互联网从Web 1.0到Web 3.0的演变。

在Web 1.0时代，互联网处在发展初期，用户主要依靠互联网进行信息的搜索，这个阶段互联网信息量有限、功能相对单一，信息以“可阅读”为主，信息的发布者主要是互联网相关机构，以PGC为主；在Web 2.0时代，互联网百花齐放，平台化功能显现、信息量更加丰富，用户既可以用来搜索信息，也可以用于内容创作和自我表达，UGC开始成为主流，互联网的开放共享精神进一步彰显；在Web 3.0时代，互联网技术进一步提升，开始朝智能化方向发展。这一阶段用户体验的是一个更加多元化和个性化的互联网。大数据技术引领的推送机制形成了“信息找人”的新方式，人工智能的兴起帮助人们创作部分内容，这一阶段AIGC是内容生产工具。到元宇宙时期，在技术底层承载能力已经足以支撑海量内容的情况下，AIGC作为辅助工具不再能满足内容的需求。在这一阶段，AIGC将全面铺开，替代人工，成为内容生成的主要来源。见表9.1。

表9.1　互联网不同阶段的内容生成方式

互联网发展阶段	Web 1.0	Web 2.0	Web 3.0	元宇宙
内容生成方式	PGC（专业内容生成）	UGC（用户内容生成）	AIGC辅助生成	AIGC全面应用
特点	专业化，门槛高，个人难以进入	自由度高，个人可参与，可与MCN机构合作	AIGC作为工具，简化内容生产流程	AIGC作为内容生产主要来源，人工干预度极低

元宇宙时代，AIGC将有极其广阔的应用场景，具体的用途需要结合产业落地的情况来看。

- “元宇宙+金融”：在元宇宙中，人们将可以进行数字资产的交易，AIGC可以作为数字资产的设计者生成交易方案和流程；同时，对交易双方，AIGC可以提供精准的数字身份生成。

- “元宇宙+工业”：元宇宙在工业领域的应用，需要CPS（信息物理系统），数字孪生，AR、VR、AI计算机视觉，低延时远程控制等各项技术的相互融合。AIGC不仅能起到计算机视觉的辅助功能，还能分析各项技术的流程和应用情况，生成合理的解决方案。

- “元宇宙+教育”：元宇宙在教育领域的应用，可以解决目前远程教育中师生之间缺乏互动的问题，让教育更加具备沉浸式的体验。AIGC在其中能够起到教学场景规划、课堂主题设计、教学质量评估等作用，帮助提升教育质量。

- “元宇宙+城市发展”：元宇宙中的城市发展，涉及虚拟城市规划、基础设施建设、房屋建设、街道管理等内容，AIGC能够充分利用图像、文本、音视频等多方位的生成能力，形成前期的规划方案、中期的运营方案、后期的评估测试方案、运营管理解决方案等。

- “元宇宙+消费”：元宇宙体系中的消费，既包括现实消费的“元宇宙化”，也包括虚拟物品的消费。比如，对于现在的网购，我们需要打开手机App，搜寻、选择、下单，并等待物流送货。而以后在元宇宙中，我们可以在虚拟商店中，使用自己的数字人试衣服，然后下单购买。买来的衣服，既可以是送到家里的真实的衣服，也可以仅是元宇宙里数字人穿着的衣服。

当然，我们现在对AIGC在元宇宙中的具体应用，还需要通信、算力的进步以及人工智能模型的不断训练。这个过程将非常漫长，目前已有部分企业展开了“AIGC+元宇宙”方向的尝试，部分城市也将其列入城市规划和发展的一部分。

案例：中国移动咪咕

在2022年冬奥会上，谷爱凌在自由式滑雪女子大跳台决赛中完成惊天逆转，获得了中国首枚女子冬奥会雪上项目金牌。在冬奥会的直播中，她的小姐妹“Meet Gu”现身并担任直播嘉宾。

中国移动咪咕为谷爱凌量身打造的Meet Gu，是首位在直播中担任解说的数字人，以咪咕自研技术为基础，实现全自动化表情动作迁移，达到惟妙惟肖的逼真效果，还能实现与真人互动。Meet Gu是咪咕“数智达人计划”中的一部分，她的大获成功已经证明了数字人能够以真人为基础，在品牌宣传、市场营销、热点活动当中发挥作用。咪咕后续还计划将数智达人进一步与体育相结合，参与赛事解说、播报及电商场景虚实互动等。

在2021年中国移动全球合作伙伴大会主论坛上，中国移动负责人介绍了元宇宙的MIGU演进路线图。见图9.1。

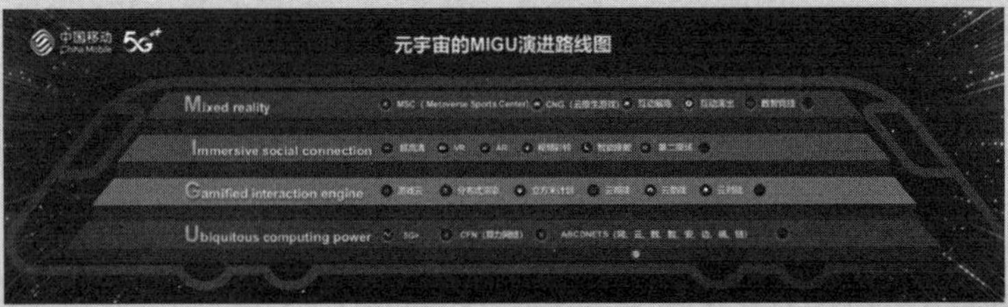

图9.1　中国移动全球合作伙伴大会主论坛发布的MIGU演进路线图

资料来源：http://www.news.cn/info/20211103/872b7d57474b45b890b3ed6878057c81/c.html。

在元宇宙业务体系的打造方面，除了以Meet GU为代表的数智达人，还将发力云游戏、视频彩铃、5G+XR等业务，将硬、软件融合起来，赋能公共艺术、文博文旅、党建、营业厅店、文娱演艺、体育赛事等领域，让内容创造出更丰富的应用场景。

中国移动咪咕的业务体系，代表着元宇宙业务发展的一种思路，即以企业自身的技术能力和业务范畴为基础，以AIGC创作主体内容，进行逐步试水落地，并融入公司长期发展战略中。

2023年3月，中国移动咪咕公司在“大视频MIGU融合创新链成立大会”活动上，介绍了大视频MIGU融合创新链发展思路，将数字化和实体相结合作为长期发展目标，发力超高清+互动音视频、元宇宙、XR及算网三个方向的研究，以“内容+科技+融合创新”带动元宇宙业务的逐步发展。

从目前的实践情况来看，“AIGC+元宇宙”从技术到管理层面都需要进一步成熟。对于实际业务落地，元宇宙的角色在某种程度上需要向高级EPR方向发展，而现在却更像是OA系统，在具体场景中未能形成全面、系统的支撑。这是未来“AIGC+元宇宙”需要解决的问题。

环保与可持续发展

ESG是现在的社会热点议题之一。ESG指的是环境（Environment，E）、社会责任（Social，S）和公司治理（Governance，G），代表将三者相结合的新发展理念和路径。传统的企业发展常常过于看重短期经济利益，而忽视社会责任和环境保护问题，社会的环保议题主要依靠政策推动和企业自身的责任感，因此造成三者的脱节。ESG发展理念强调在追求环保和社会责任的基础之上，同样注重公司治理，保持三者之间的平衡，从而实现公司长期、健康的发展。

ESG的发展理念由来已久。1965年，瑞典社会上兴起了禁酒运动，推出基金Aktie-Ansvar Sverige，该基金首次将企业社会责任纳入投资考量因素当中。时至今日，该基金仍然在运作，并且不会将超过5%的资金投向武器、烟草、部分特定药物、酒精、赌博、化石燃料或成人用品等领域。1971年，美国帕斯全球基金（Pax World Fund）成立，该基金首次系统地提出规避投资规则，即避开战争相关投资，被认为是世界上第一只企业社会责任基金。

1976年，卡尔弗特投资公司（Calvert Investment）成立，接过了企业社会责任理念的衣钵。1982年，它们推出了卡尔弗特社会投资基金（Calvert Social Investment Fund），该基金明确选股标准中对企业道德的考量，包括环保和社会贡献，并避免投资烟草、军火武器、酒业、核能等行业及其相关企业。1992年，卡尔弗特推出了世界价值基金（World Values Fund）（后来称为卡尔弗特国际股票基金），是世界上首只国际企业社会责任基金。

在标准方面，世界上首个企业社会责任指数多米尼400社会指数于1990年诞生（后称为MSCIKLD 400社会指数）。该指数将美国证券市场上400个公司的市值加权计算，以企业社会责任作为评级标准（后来明确为ESG），旨在排除价值观不符合的公司。

在国际上，2004年联合国环境规划署首次提出ESG概念，2006年联合国责任投资原则（UN Principles of Responsible Investment，UNPRI）发布，并成立了组织、发布了简单评估调查。UNPRI原则认为，将ESG三个要素纳入考量范围的投资，可以定义为负责任的投资。多年来，联合国责任投资原则组织一直在更新和发布资产管理公司报告框架，不断完善ESG相关规定。此后ESG理念逐渐在世界范围内广泛传播。

我国践行ESG理念的历史可以追溯到2008年，国内首只以社会责任为核心的投资产品兴业社会责任基金于2008年3月28日上市，由建设银行、兴业银行、工商银行等代销渠道发售，募集上限为100亿元，募集期约1个月。2017年中国证券投资基金业协会开展了ESG专项研究，2018年A股正式被纳入明晟（MSCI）新兴市场指数和明晟全球指数。这两个指数都是由摩根士丹利推出的、用以衡量全球相关市场股票业绩的指数。该措施一经推出，立即引发了中国国内各大机构和相关公司的重视，由此国内ESG理念开始普及，相关政策也不断推出。从我国历年ESG基金的情况来看，我国社会责任基金的理念和实践正在被社会大众接受，基金市场正在健康茁壮成长。

我国ESG理念系统性发展晚于欧美发达国家，虽然发展迅速，但目前仍面临一些痛点：

一是评价体系缺乏统一的标准。目前我国ESG评价标准包括工商银行ESG评价体系、商道融绿ESG评级体系、中国证券投资基金业协会ESG评价体系、润灵环球责任ESG评级体系、中央财经大学绿色金融国际研究院ESG评价体系，具有专业性和权威性，但彼此之间缺乏统一性和协同性，各机构的评价体系从指标选取到量化标准都存在一定差异。

二是信息披露体系有待完善。根据2021年12月中国上市公司协会披露的信息，2021年披露ESG相关报告的A股上市公司超过了1100家，A股上市公司发布了三种形式的2020年ESG报告，即环境、社会与公司治理（ESG）报告，企业社会责任（CSR）报告以及可持续发展（SD）报告。[①]但这些ESG信息披露制度不统一，企业自己发布标准时命名五花八门，更像企业的自身宣传，缺乏信服力。而且这些报告披露的数据和指标有待进一步明确和核实，以提高准确性。另外，企业自身在披露信息时，往往将重点放在ESG管理政策方面，很少披露具体举措、实施结果等，而且定量分析和数据报告相对较少。

三是从企业治理方面来说，越来越多的国内企业已经认可ESG发展理念并愿意践行，但不知从何做起。这是因为目前我国仍然缺乏权威性的ESG辅导服务，大量企业对ESG的理解仅停留在政策层面，认为是“按照政策要求办事”，没有将其融入公司发展战略和企业文化当中。

四是监管需要加强各方协同性。ESG是一项具有长期性、综合性的工程，涉及行政管理、技术应用与推广、金融市场等多方面内容，需要政府、金融机构、企业、研究机构、服务机构、技术公司等各方共同参与，形成合力。比如资产管理机构亟须提高技术能力，充分利用人工智能、大数据、区块链等技术，提升ESG投资能力；金融机构则需要立足市场需求，打造创新型ESG金融产品；第三方服务机构应加强数据挖掘、分析和产品化能力，提供优质的ESG解决方案。

---

① https：//www2.deloitte.com/cn/zh/pages/finance/articles/esg-disclosure-and-evaluation.html。

在解决这些痛点问题的过程中，人工智能将会起到至关重要的作用。不同于在教育、医疗、金融领域的工具性作用，AIGC在ESG体系的创建过程中将起到更加基础的作用。我们以澜舟科技的ESG解决方案为例。

案例：澜舟科技ESG解决方案

澜舟科技利用AIGC，立足ESG的核心痛点问题：①信息体系繁杂，指标多，专业性强，企业不知从何处着手；②ESG信息来源分散，缺乏成体系的教材、课程或培训，企业需要自行阅读和分析企业年报、媒体信息、政府公文、社交平台、招聘网站等众多内容；③人工分析信息且导致内容效率低下。目前我国缺乏ESG领域的专业性人才，因此企业制定ESG方案时，依靠不够专业的工作人员来操作，难以输出高质量的ESG解决方案。

澜舟科技利用扎实的人工智能技术，通过新一代语义搜索技术，精准地搜索和定位相关文本和知识图谱，极大地提高了信息搜索效率，避免“大海捞针”。利用自定义信息抽取技术，以预训练模型的泛化能力为依托，快速且灵活地筛选出有价值的信息，有效提高信息抽取覆盖度。利用多粒度情绪分析，识别出文本中的“隐藏”含义，即正面或负面表达，合理化处理描述性表达，从而让输出的结果更加客观实用。

目前，AIGC在ESG领域的实际案例并不太多，但是随着AIGC技术的进一步成熟，ESG将展现更加广阔的市场潜力。以互联网行业为例，根据中国信通院《互联网行业社会责任/ESG信息披露观察报告》(2022年)，2010年之后共有38家互联网企业发布过ESG，主要集中在头部互联网企业，信息披露报告数量少、集中度高。据该报告显示，这些披露信息的企业，正在从自己发布报告，转向与第三方机构合作发布，以寻求更加专业的服务。披露的内容也从广泛的社会责任，转向专项内容深度报告。

我们判断：①未来将有更多企业对ESG有更深的认知，并且愿意发布ESG报告；②更加专业化的ESG报告具有更广阔的市场需求，AIGC等技术能够在其中发挥更加重要的作用，承载未来大量的需求。

智慧城市与交通

智慧城市是通过数字化、信息化和智能化技术手段，改善城市基础设施建设和公共服务质量，提高交通出行便利度和居民生活服务福祉，让城市发展更加顺畅、人们生活更加舒适。

智慧城市的概念来源于IBM在2008年提出的“智慧地球”的理念。IBM指出，智慧地球分为三个要素，用“3I”——物联化、互联网和智能化来概括，即将新一代IT、物联网等软硬件技术植入各行各业，让人们能够更加精细地生活，也就是“互联网+物联网=智慧的地球”。2010年，IBM正式提出“智慧城市”的发展愿景。具体来说，智慧城市主要有四大特征：一是物联网技术普遍应用，用智能传感设备连接城市公共设施；二是硬软件整合，将传感设备信息与互联网连接，并形成城市运行方案；三是采取适应先进设备的配套服务，提高管理水平，加强城市创新力建设；四是加强城市协同，让城市每个节点都通过技术系统运转起来。

智慧城市本质上是技术和城市治理的深度融合，进一步提高城市运行的效率。比如，在交通管理方面，过去的车流量依靠交警的感官，既不精准也无法采取及时的交通管理措施。而现在通过路口的传感器和摄像头，交通管理部门能及时接收到不同路段的车流量信息，从而能快速决策，疏导车流。而司机端，则可以通过各种导航软件，了解前方路段的堵车情况，能够及时改变路线，避开交通拥堵。

根据IDC的报告，智慧城市细分应用场景包括数字孪生城市、城市人工智能、智慧园区、城市智慧交通等。

- 数字孪生城市：利用数字孪生技术对城市进行“从物理空间到虚拟空间”的映射，这个过程涉及大量的建模和图像、音视频生成等，这是AIGC能够实际应用的场景。
- 城市人工智能：城市人工智能系统包括智慧安防、城市管理、城市治理、智慧应急、智慧交通、智慧水务、智慧能源。AIGC能够与物联网相结合，通过对输入数据的分析和处理，生成优化的解决方案。

- 智慧园区：智慧园区是对传统产业园的数字化升级，将传统的招商、物业和配套设施服务升级为产业服务、企业服务、人才服务，从而助力企业发展。AIGC能够与硬件设施相结合，生成综合性智慧解决方案。

- 城市智慧交通：城市智慧交通建设包括服务平台搭建、交通动态数据管理、交通设施运行状况筛查、交通规划与地理数据管理等。AIGC能够与智能硬件设施相结合，通过大模型对数据进行分析和预测，输出相关报告和改进意见。

- 智慧政务：将AIGC智能语音客服、在线客服植入政务处理系统中，更快解决居民常见问题，降低人工处理压力；建立AIGC政务材料审核系统，通过语音识别、自然语言处理等技术，帮助办理申请、材料审核等工作。

- 城市大脑：城市大脑是AIGC和物联网等技术结合的产物，是综合性、平台性的服务中心，能够在城市的运行中起到基础性的支撑作用，解决各部门、各行业之间的信息孤岛问题。

案例：云从科技

云从科技成立于2015年，于2022年在科创板上市。云从科技以人工智能为技术核心，主营业务是人工智能产业化进程及产业智慧化转型，以人机协同操作系统为依托，向智慧金融、智慧治理、智慧出行、智慧商业等场景赋能，提供精细化、智慧化的AI解决方案。

云从科技与成都天府新区合作，打造以人机协同为核心的智慧城市建设方案，该项目在2021年的全球智慧城市大会上获得“宜居和包容大奖”中国区冠军。在这个项目中，云从科技充分发挥其技术优势，帮助成都天府区打造城市大脑、智慧防汛、智慧规划等板块，实现了态势感知、智能预判、统筹调度以及人机协同。

城市大脑，类似于人类大脑，通过BIM、GIS等数据信息集成，与3D建模技术相结合，对城市进行整体扫描和画像，形成数字化城市管理方案；智慧规划，对城市的生长和管理周期进行动态跟进，利用AIGC技术进行“绘图”，从而帮助自然资源调查监测、监管决策和政务服务；智慧防汛，“融合人工智能+大数据分析+物联网设备感知”对降雨情况进行常态化动态监测和分析，构建“事前—事中—事后”智慧化防汛应急方案，提升城市防汛应急能力。

智慧城市综合服务方案，从长期来看是要转变城市管理和发展方式，AIGC加快了数据输入和反馈速度，提高了各部门协同效率。从实践来看，在2022年全球智慧城市大会上，云从科技和成都政府合作的“天府新区智慧生态”建设案例获得“能源与环境大奖”，这是继2021年后再次获奖。

根据云从科技官网的数据，目前，天府新区三年来$PM_{2.5}$、PM_{10}浓度分别下降16.38%、21.81%，空气质量优良天数增加63天，达到290天；新增生态绿地1.83万亩和动植物20余种，森林面积提升至143.8平方公里，碳汇能力不断提升。[①]

在智慧城市的业务方面，云从科技还与华为携手，完成了人机协同操作系统CWOS与华为Atlas 800–3000推理服务器的兼容性测试，共同提升智慧城市底层处理能力，提高精细化运营水平。另外，云从科技还与广州、南沙、泉州、南宁、北戴河等地达成合作，共同建设当地智慧城市项目。

农业和食品行业

在历史的长河中，农业是人类文明发展之源。农业不仅解决了人类吃什么、如何活下来的问题，更代表着人类知识的积累和认知水平的提升，是科学和人文的汇聚。从刀耕火种到驯养动物、种植农作物，人类认识了气候、土壤、雨水和动物，生活方

① https://www.cloudwalk.com/news/show/id/172。

式也从游荡变成了定居。为了种植出更多作物，人类学会了天文历法。从远古时期人类的朴素认知，到古代人民用心血写下农业技术更迭，从战国时的《管子》到汉代的《氾胜之书》，从北魏时期的《齐民要术》到清朝的《授时通考》，这些关于农业的著作是人们智慧的结晶。

而如今，我们有了现代化的机械、科学的育种方法、精准的气候和天气预报及各类物联网硬件装置，面对各种自然状况，我们已远不像先人们那般捉襟见肘，但现代农业也面临着新的挑战。我国农业目前面临的实际问题包括：

农业“大而不强”。农业科技创新贡献率、管理水平与生产效率提升空间仍然很大。从科技贡献比重来看，2019年，我国农业科技创新贡献率约为60%，而发达国家的农业科技创新贡献率则超过90%。从农业人口比例来看，2019年，我国农村常住人口超过5.5亿，农业从业人口占总人口的比重接近40%，而发达国家一般占比为5%以下。换句话说，我国目前的农业发展仍然需要靠大量人力的投入，而科技贡献程度不足。

人口众多、国情复杂。我国人口占世界人口的18%，耕地面积却仅占世界耕地面积的7%。加上我国国土面积辽阔，地形复杂、气候类型多样、降水分布不均匀，现有土地难以改造成适合耕种的区域。同时，部分地区还面临缺水和洪涝等问题，自然灾害严重影响了正常农业生产。

农业可持续发展的新要求。在我国“双碳”背景和ESG发展要求下，传统的农业发展方式已经不再适用，现代农业发展，需要将土地资源、土地制度、气候以及生态环境变化和农业产量、质量等要素相结合，既要提高农产品质量和产量，提高农民收入，又要保证生态环境不受负面影响。

面对以上种种问题，技术是化解难题的关键要素——AIGC是其中的重要技术之一。不过，AIGC在农业中的应用不是以主体技术存在的，往往需要与物联网和其他农业辅助技术相结合，共同打造农业科技。具体来说，其应用可以分为四类：

- 跟踪检测类，包括作物和土壤检测、昆虫和植物病害检测、牲畜健康监测。
- 农业机器人：自动化的机器人处理初级农业任务，替代部分人类劳动。
- 预测分析：天气预测、航空测量和成像、生产分级分类等。
- 其他辅助性服务，比如智能喷涂、自动除草等。

按照农业生产的步骤划分，还可以分为产前、产中、采收和产后四个阶段。

在产前阶段，AI能够与物联网技术相结合，利用数据分析和预测能力，生成合理的灌溉和施肥方案，从而达成集约化资源利用的效果，并降低种植成本；分析农作物品种市场数据，利用AIGC生成市场调研报告或生产方案，指导农民合理化安排种植品种配比，以规避脱销或滞销问题。与大数据和云计算等技术相结合，AIGC蛋白质编辑功能能够帮助改良农作物品种，增强抗虫性、提高产量。

在产中阶段，计算机视觉技术可以识别作物品种、病害程度和杂草生长情况，AIGC生成实时情况报告，农民就可以及时采取行动，从而减少经济损失，保证农作物安全；机器学习技术可以利用卫星图像数据，预测天气等环境变化，AIGC提供解决方案，帮助规避不利影响。

在采收阶段，AI配合农用机器人能实现自动采收。而在产后阶段，AIGC能够与感应装置结合，提供智能质检服务，从而保证农产品质量，还能够结合市场数据，制定合理的运营方案和销售策略，优化物流路径和服务方案，提高供应链效率。

案例：部分农业应用场景

aWhere是一家专门从事农业数字化的公司，成立于1999年，其每天从国际上收集和分析超过10亿个农业数据。因为农业是一项极其“看天吃饭”的行业，为了帮助农民们做出更合理的商业决策，aWhere花了20多年时间开发了一款以AI为核心，精准进行数据处理和交付的系统，并将技术实际应用到一些国家和地区。

aWhere曾经和初创农业科技公司Dehaat合作，在印度比哈尔邦地区培训农民，帮助他们使用Dehaat平台。这个平台是以AI技术为核心的多功能一站式农业平台，具有作物提醒、农作物咨询、天气预报等多个功能，专为印度12个主要农业邦打造。考虑到印度方言众多的情况，Dehaat还提供地方方言的语音呼叫服务，为农民提供化肥用量、农作物管理等方面的咨询。

Trace Genomics成立于2015年，是一家总部位于美国旧金山的农业科技企业，专注于土壤检测业务。以人工智能和数据科学为核心，Trace Genomics拥有一套涵盖土壤成分跟踪、诊断、养分管理及病原体管理的农业解决方案，还延伸至ESG可持续发展的土壤性能评估服务。在下一代产品中，Trace Genomics计划推出TESS™（Trace Environment Soil System）引擎，来对土壤进行物理、化学、生物特性分析，生成专业化的产品预测，帮助客户优化作物管理。

腾讯于2018年开始，展开了“AI+农业”探索，其推出的iGrow人工智能解决方案在荷兰瓦赫宁根大学（WUR）主办的国际人工智能温室种植大赛（Autonomous Greenhouse Challenge）上获得了单项第一、总分第二的好成绩。农业人工智能技术难点在于计算机难以模拟真实的农业生产环境及追踪农作物的变化。腾讯团队通过强化学习方法，融合植物学、生物学和物理学，建立了模拟气候环境和作物生长的仿真器，将农业专家知识“植入”到仿真器中，提高AI的学习效率，最终取得了好成绩。据悉该项技术已经在部分地区进行了部署。

从赋能产业到服务国家大战略：AIGC助力乡村振兴

AIGC技术不仅能够服务具体的产业及应用场景，还能服务国家大战略。2018年我国出台了《乡村振兴战略规划（2018—2022年）》，提出了“乡村振兴”的战略方针，旨在解决我国长期以来城乡发展不均衡的现实情况，提高农村居民的生活水平。

AIGC在乡村振兴中的主要作用是以工具化的形式促进产业发展。要实现农村的产业兴旺，一方面要打造现代化农业，让农业向规模化、品牌化和科技化方向发展；另一方面要推动产业的融合，在夯实农业产业基础上推动农业同新兴产业的融合，比如乡村文旅、电子商务、农产品加工等。产业融合的根本目的是要提高产业链的质量和产品附加值。比如，生产辣椒酱比单纯卖辣椒具备更高的附加值。因为生产辣椒酱涉及建设厂房、收购原料、生产加工、包装、物流等环节，每个环节都能增加当地就业，或者虹吸附近劳动力。就产品端而言，辣椒酱也比纯辣椒价格更高，如果配合良好的品牌战略，还能形成品牌效应，进一步推动销量。因此，技术应用的重点应当是如何提升产业融合度、增强产业链韧性及提升品牌竞争力。

AIGC可以在乡村振兴的产业发展过程中发挥重要作用。在农业生产端，利用农业科技，提升农业生产效率；在产业融合端，利用文本生产、音视频生成等能力赋能电子商务、营销推广、品牌打造等环节。比如，AIGC生成的虚拟数字人可以进行线上直播，就像我们前面提到过的虚拟人网红Lil Miquela 和Rozy，虚拟数字人与电商结合，进行新形式的直播带货、个人IP打造等，从而形成品牌效应。AIGC还可以与文旅产业深度融合，充分挖掘当地特色风土人情、历史沉淀，打造线上数字化文旅展厅，等等。

案例：联通在线沃音乐

联通在线沃音乐是中国联通在线旗下子公司，于2018年成立，主要业务是新文创产品开发、运营和推广服务等。在乡村振兴大背景下，联通在线沃音乐推出了美丽乡村建设解决方案，利用“5G+AI+XR+8K”等技术，打造“三个一”定制化解决方案。

一套场景化应用：打造乡村品智生活、乡村数字孪生、文化下乡等特色应用，丰富农村居民文化生活，提供多元化生活服务，比如打车出行、影音平台、线上购物。该场景依托联通在线沃音乐的网络通信及终端优势，以一体化的平台为农村居民提供便捷的服务。

一系列数字化形象：通过XR技术和动画制作技术，将乡村风景投射到元宇宙中，并在元宇宙世界中加入村长、农田、风景、民俗活动等要素，丰富内容和场景，形成生动活泼的线上品推宣传场景。

一系列乡村IP：打造旅游IP、人文IP、特产IP等一系列IP产品，结合地方特色塑造品牌宣传体系，扩大当地影响力和知名度，为农产品推广、文旅产业宣传和增加本地消费做好铺垫。

联通在线沃音乐的做法是AIGC与乡村振兴融合的典型案例，通过平台和技术，生成丰富多彩的内容，并与当地特色结合起来，形成良好的宣传效果。该做法在吸引人流来当地旅游的同时，挖掘了文旅产业的数字化价值，带动了消费和就业，形成了多方共赢的良好局面。

总之，AIGC的应用场景多、范围广，既可以与企业战略结合，成为新的商业模型，也可以与社会发展战略相结合，帮助提升基础的民生领域，服务老百姓的衣食住行。虽然目前还没有完全普及，但在不久的未来，当AIGC渗入每个领域当中时，就会像互联网一样，不需要觉察它，可它无处不在，时时刻刻陪伴我们。这就是科技进步的意义。

— 第十章 —

AIGC创业：人人都是参与者

在AIGC的浪潮之下，人人都变成了内容的生产者，而不再只是接收者。只要你会写Prompt，你就可以让人工智能成为你的助手。这是最好的时代，也是最坏的时代。AIGC让创业离我们不再遥远，但我们是否应该投身于AIGC创业呢？如果要成为参与者，我们该如何切入呢？我们不妨从企业家、投资人和创业者三个角度来思考。

企业家的自我精进

当新技术来临的时候，很多人来不及准备，就被时代抛在了身后。作为企业家，不论是对人工智能还是其他技术，都应当保持足够的信息敏感性和学习能力，主动了解变化、拥抱变化，而不是墨守成规。AIGC来了，企业家们不一定非得投身于相关赛道，但至少要对自己的企业及时进行数智化转型。这是一次必要的变革，因为未来已经在门口敲门。

充分认识数智化

“数智化”与“数字化”不同。在互联网时代，我们聊的是数字化，就是将一切信息转化为数字、数据，再建立对应的模型，利用计算机技术进行处理。过去我们手写书信，需要用到纸笔，中间还要有寄送的过程。如今我们发邮件，书写的过程由键盘替代，我们用打字来输入信息，寄送书信的过程由网络通信替代，我们只需点击发送，电子邮件就在网上发给对方了。过去我们开公司，需要手动记账，不仅速度慢，而且容易出错。现在使用财务管理软件，让计算机来替代计算和记忆的过程，能够有效简化财务流程，将财务人员从烦琐的工作中解放出来，从而专注于与财务相关的决策等工作。

数字化一方面是以提供工具的方式，帮助人们减少工作中间环节，提高工作效率，从而带动生产方式、组织结构、企业管理等更深层次的变革，为企业的发展战略和业务落地服务，比如钉钉、飞书等办公软件的使用、ERP系统的引进。另一方面是将现有的产品与服务进行改造，进一步激发产业价值。比如将传统的纸媒打造成互联网数字化媒体，向读者提供线上、线下的订阅方式，并提供延伸的出版物，降低了自媒体的冲击，又保障了健康的商业模式。传统的车企在互联网时代，除了卖车，还提供车载网络、自动服务、自主车辆和大数据等增值服务，让汽车销售从一锤子买卖向持续性服务转变。

而数智化，是在人工智能技术兴起和应用后产生的新概念。在产业数字化发展的大趋势下，人们对数据处理和信息传递的要求进一步提升。一方面，人们希望借助于大数据、云计算、人工智能等技术，使计算机能够对数据进行更深层的处理，实现态势感知、实时监测、科学决策和事后反馈等。另一方面，数据需要变得更加智能。计算机需要像人类的智能一样，具备主动收集信息、分析信息并做出判断、预测和决策的能力。

数智化是在数字化基础上的又一次升级，这一次它带来了更加深刻的变化。对于企业家们来说，这既是一次机会又是一次挑战，更像是一次新的创业历程。企业家们在接受挑战之前，不妨先问自己几个问题（见表10.1）：

表10.1　数智化的思考方向

思考角度	内容
战略和业务调整	我们是否需要引入AIGC，并对现有战略进行调整？ 引入AIGC技术的方式是自主研发，还是与第三方机构合作？ 我们的业务是否可以和AIGC相结合？如果可以，二者结合的创新点在哪里？ 现有业务与AIGC结合，是否会增加技术和管理成本？ 之后的创新业务是否有新的盈利模式？ 如果竞争对手也采用AIGC进行内容生产，如何保证自己的竞争力和独特性？
组织架构的调整	当公司上下将AIGC纳入办公流或产品流之后，组织架构是否需要进行调整？ 中层的管理边界在哪？ 如何通过AIGC对流程进行改造，并且降低管理成本和沟通成本？

续表

思考角度	内容
人力资源的调整	对于基层员工，哪些工作是可以用AIGC替代的？ 对于不会使用AIGC的员工，是否要进行培训？ 如何长期培养员工使用AIGC工具的技能？

比如，对于动漫、美术和视觉创意类的公司，企业家可能需要思考的是，是否要抓住机会对企业进行改造升级，减少可替代的画师，并优化中层管理结构，让组织结构变得更加扁平化。这不是一个简单的思考过程，因为组织机构的调整意味着大刀阔斧的改革。如果人员调整幅度过大，可能会影响到公司在资本市场或相关行业内的形象，这个影响是一时的阵痛还是长期的影响，需要企业家在决策时进行谨慎的思考。另外，还有一个实际问题就是，基于AIGC目前的技术水平，对于具体企业来说，是否现在就是人力资源优化和组织结构调整的最佳时期。因为AIGC的实际应用，在不同行业和具体公司内产生的影响可能截然不同，因此需要企业家们谨慎决策。

对于一些需要与客户深度沟通的行业，企业家们还需要考虑更多人的因素。比如在心理咨询行业，虽然AIGC能够像心理咨询师一样提供对话，但在目前的技术下，AI无法提供类似于人的情绪价值。所谓情绪价值就是人内心深处的共情能力、同情心，帮助他人脱离负面情绪，为他人提供包括关心、鼓励、支持、理解、信任、体贴、关注、崇拜等不同感受。情绪价值是人类的主观情感，而AIGC生成的内容则是基于大模型的训练和分析，显得更加冰冷。我们无法断言，未来AIGC也无法取代人的情绪价值，但是目前，当企业需要引入AIGC来推动转型升级的时候，应该仔细考虑人性因素。

企业家精神：跟上时代的脚步

这个世界上唯一不变的就是变化。吉姆·柯林斯有一本经典之作《基业长青》，出版于1994年。这本书常常被商科教育奉为圭臬，因为它仿佛讲述了一个企业长期发展的固定方法论。然而许多年后，当时被写进书中作为案例的企业却并没有如预测的那般继续“基业长青”。

比如，被认为是正面案例的摩托罗拉就没有实现它的基业长青，是因为它没有拥抱新技术吗？并不是，恰恰相反，摩托罗拉非常坚决和大胆地展开了创新。1991年，摩托罗拉就解决手机通信信号覆盖不到一些地方的问题，启动了“铱星计划”，就是用77颗（实际最后用了66颗）近地卫星组成星群，从而实现在地球任何地方都可以打电话。1996年，第一颗铱星发射；1998年“铱星计划”开展了商业化运作。这项计划虽然非常有创意，也能解决实际问题，但投资巨大且运营成本高昂。摩托罗拉及合作方不仅通过发行股票筹资，还借款了几十亿美元。为了解决财务问题，摩托罗拉将手机定价提高到了几千美元，而且打电话每分钟花费为3美元，由于价格昂贵，摩托罗拉的用户群体不断缩小。2000年，铱星公司在挣扎了一年后正式破产。

“铱星计划”的失败，对摩托罗拉来说不仅是财务上的损失，更是商业机遇上的重大打击。当时通信制式GSM没有被CDMA替代，如果提前布局技术上全面领先的CDMA，摩托罗拉完全有机会在手机市场上拔得头筹，然而当时它们将精力放在了“铱星计划”上，因此没有及时跟进。另外，摩托罗拉是一家多元发展的公司，它在其他业务上也遭遇了挫折，比如数字信号处理器上；摩托罗拉败给了德州仪器，计算机处理器也不敌英特尔。

在手机业务方面，摩托罗拉注重技术和质量，但是却忽略了研发成本。它们的思路是从手机芯片到整机全部包揽，但企业的整合能力不足，加上内部管理过于“大锅饭”，导致其没有及时跟上市场的脚步。摩托罗拉的产品质量是高但并不是市场想要的，于是就被市场全面淘汰。2011年谷歌以125亿美元收购摩托罗拉移动MMI.N，2014年联想以29亿美元从谷歌手里收购了摩托罗拉。

君子之泽，五世而斩。摩托罗拉作为家族企业，并非不想成为百年老店，但是在新的时代到来时，它们明显显得心有余而力不足：没有在恰当的机遇选择恰当的新技术，而是浪费资金去做商业模型跑不通的事情；不考虑市场需求一味追求技术和质量，却又在关键性技术到来之际错失良机。

而今天的企业家也正处在技术爆发的时代。AIGC无疑会带来更多机会，但是企业抓住良机并不能仅靠拥抱技术，还要考虑很多因素，比如市场需求、商业模式、竞争对手状况等，因此作为企业家应当不断地自我学习、自我提升，扎根产业当中去收集信息、发现机会，既不能过于保守地吃老本、不思进取，又不能过于激进。

投资人：AIGC投资新赛道

投资赛道考察

ChatGPT的爆火，带动了一股AIGC创业热潮，对于投资人来说，选择合适的标的成了一项重要工作。就目前的情况来看，AIGC创业方向主要有三类：

- AIGC基本功能类：大模型+视频、3D、语音等多内容生成。
- 大模型基础设施类。
- 具体应用场景的垂类公司。

第一类项目在技术方面相对成熟，且成本较低，相对容易操作，且部分项目已经具备商业化基础，盈利前景相对明确。但由于Stable Diffusion模型（SD模型）已经开源，很多所谓的AIGC项目只是直接接入SD模型，技术门槛并不高，容易造成同质化竞争，因此投资人在考察此类项目时，应当了解模型背景和商业模式。这里我们罗列了一些公司及应用产品。见表10.2。

表10.2 目前常见的AIGC产品

产品类型	产品名称	所属公司	收费方式
AI绘图	文心一格	百度在线网络技术有限公司	限定数量免费+分级收费
	Tiamat	上海退格数字科技有限公司	正在公测，后续公布收费方式
	6pen art	北京毛线球科技有限公司	限定数量免费+分级收费
	盗梦师	西湖心辰科技有限公司	限定数量免费+分级收费
	6pen	北京毛线球科技有限公司	赠送点数+点数付费
	Stable Diffusion	Stability AI	限定数量免费+固定数量固定价格
	Disco Diffusion	Google	目前免费
	Midjourney	Midjourney	限定数量免费+按月收费
	Mimic	RADIUS5 Inc.	正在公测，收费方式需要确认
	Novel AI	Novel AI	按月收费（不同价格数量不同）
	DALL-E2	OpenAI	限定数量免费+每月固定数量免费+固定价格固定数量
AI写作	ChatGPT	OpenAI	免费模式+会员按月付费模式
	Contentnote	珠海横琴容徽信息科技有限公司	限定数量免费+分级按月收费

续表

产品类型	产品名称	所属公司	收费方式
AI写作	Effidit	腾讯	目前免费
	百度智能创作平台	百度在线网络技术有限公司	会员按月收费
	Jasper AI	Jasper AI	免费试用+分级按月收费
	Copysmith	Copysmith	分级按月付费
	Rytr	Google Copysmith	限定数量免费+分级按月收费
	秘塔写作猫	上海秘塔网络科技有限公司	免费版+收费版按月收费
文本—音频生成（TTS）	Speechify	Speechify	免费试用+包年
	Synthesys	Synthesys	按月收费（分为AI配音、人工配音和二者结合的不同套餐）
	Murf	Murf AI	免费版+分级按月收费版+企业版
	Descript	Descript	免费版+分级按月收费版+企业版
	Speechelo	Speechelo	标准版和高级版
	Amazon Polly	AWS	免费版+分级定价
	科大讯飞在线语音合成	科大讯飞	免费试用+套餐分级收费

从表10.2可以看出：AIGC基础功能的赛道已经有不少企业参与，并形成了完善的定价体系，其中不乏大型互联网公司和科技公司（比如百度、亚马逊、科大讯飞）。这些公司本身技术能力扎实、产品体系健全，AIGC应用还可以同它们的其他业务相融合，因此天然具有相对高的行业壁垒。这也是投资人对初创企业

考察时应该注意的地方。

第二类大模型基础设施类。此前我们已经分析过，出于成本和技术的原因，该赛道大部分都是互联网巨头及大型科技公司担任排头兵，相对来说行业壁垒比较高。而初创企业，美国知名孵化器公司Y Combiner（YC）在2023年的YC Demo Day上，公布了一些它们投资的大模型初创公司，可以为广大投资人在商业模式和创业者背景考量方面提供一些参考：

Stack AI是一个接口平台型大模型应用，能够为用户提供"傻瓜式"的使用体验，通过拖动模块的方式，将"输入/输出"、"模型"（可选择已接入的大模型，目前有OpenAI和 Replicate）、"文件"等模块组合起来，一站式地收集/标记/清理数据、微调、编写和部署LLM应用程序。见图10.1。

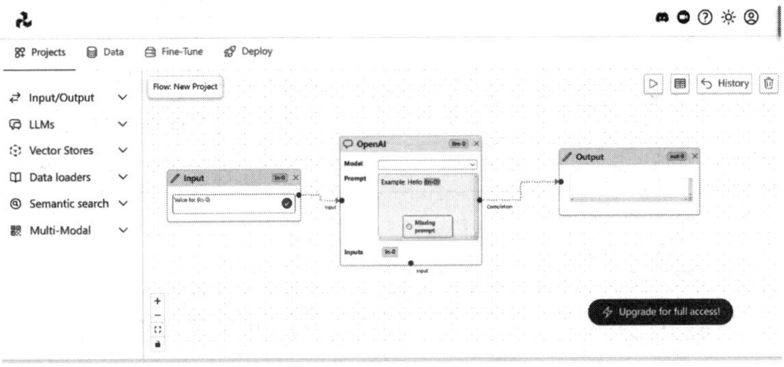

图10.1　Stack AI操作页面

资料来源：Stack AI 官网，https：//www.stack-ai.com/dashboard/projects。

Stack AI的商业模式是分级收费，不同用户可以选择不同套餐，套餐中包含不同功能。该商业模式可以为大模型企业提供参考，首先，企业需要有明确的产品/服务及对应的定价标准；其次，在基础功能之上的附加服务是极其重要的，投资人在考察大模型类公司时，可以重点关注其服务能力。对于很多非互联网、非技术类公司而言，对大模型的技术原理未必有很深的认识，也未必能精确地表达自身的技术需求，因此需要大模型公司本身具有良好的服务意识和能力。见表10.3。

表10.3　目前AIGC产品主要商业模式

<table>
<tr><th>初级用户</th><th>团队用户（500美元/人/月）</th><th>企业用户（定制化费用）</th></tr>
<tr><td>每天可以运行20次</td><td>每天可以运行1000次</td><td>无限制</td></tr>
<tr><td>1个项目</td><td>10个项目</td><td>无限制</td></tr>
<tr><td>个人使用</td><td>5名团队成员</td><td>不限团队成员数量</td></tr>
<tr><td rowspan="6">不提供功能/服务</td><td>可使用日志和监控</td><td>可使用日志和监控</td></tr>
<tr><td>可以微调模型</td><td>可以微调模型</td></tr>
<tr><td rowspan="4">不提供功能/服务</td><td>专属机器学习基础设施</td></tr>
<tr><td>专属机器学习解决方案架构师</td></tr>
<tr><td>可使用访问控制</td></tr>
<tr><td>可以本地部署</td></tr>
</table>

另一个对于投资人有一定参考意义的YC系大模型是印度的Uptrain AI，这是一款开源模型训练工具，能够检测、预测和优化已有模型，并进行自动二次训练。这家企业的创始人Sourabh Agrawal已经在构建和部署机器学习领域深耕了8年，并且是一名连续创业者。2021年，他和其他人合作创立了Insane.ai，这是

一款AI健身应用，曾经获得pi Ventures、Anupam Mittal、Sameer Pitalwalla等机构的投资，并在印度拥有15万名用户。Sourabh Agrawal是电气工程师出身，曾在博世自动驾驶部门担任AI顾问，在高盛从事量化工作。联合创始人兼CTO Vipul Gupta是加州大学伯克利分校机器学习博士，曾担任实验室研究员，后在Facebook和字节跳动负责机器学习模型训练方面的工作。另一名联合创始人Shikha Mohanty则是风险投资出身，毕业于香港大学会计及金融专业，曾为各类初创公司提供GTM战略服务（Go-to-Market Strategy，GTM，进入市场策略）。

YC Demo Day公布的AIGC领域入围的公司当中，不少都是类似的创始人组合：名校毕业、连续创业者、在相关领域有过较长时间的工作经验和技术累积，同时一部分公司会选择技术出身的创始人作为领导者，与市场、销售出身的联合创始人合作，形成“技术+市场”路线。投资人在评估创始团队背景时，可以参考这种思路。

第三类是包含具体应用场景的垂类公司。此类公司有明确的应用场景和受众市场（或至少已设定目标），从技术到营销均围绕具体的细分市场进行。我们仍然以YC今年投资的公司为例。

AlphaWatch AI是一个专为对冲基金和私募股权公司设计的研究和分析平台。AlphaWatch AI通过使用定制的大模型、专门的嵌入模型，并与可信的外部数据源和安全的私人数据集成，搭建一个聊天界面，来引用数据和信息的来源，从而帮助金融从业人员节省研究时间。该公司的宗旨是帮助使用者解决具体的痛点——数据脱节问题，对冲基金为此要在数据成本上花费数十万美元，同时还无法完全保证信息的准确性。AlphaWatch AI希望能够利用自身的技术能力，来保障数据的稳定安全，并帮助金融机构提升决策的有效性。

Layup主打个人办公智能助手，能生成即时定制化工作流，并整合了170多个外部应用（比如Notion、Google Document），可以内容分享或导入外部应用。比如，利用Salesforce的数据创建客户概览，将其导出到Google文档，并形成分享。其数据来源包括个人或公司的知识库、自己的工作文件或电子邮件、公司工作流程及外部公开资源。

从YC投资的初创企业来看，目前可应用AIGC的垂类公司包括：个人智能助手及办公、金融、销售与市场营销、公司管理（比如人力、财务等）。在考察此类投资标的时，投资人需要对相关细分市场进行深入的研究和精准的定位。

AIGC投资方法论

从整体上来说，AIGC作为一个新型赛道，充满了机遇与活力，大量创业者的涌入为未来创造了大量的可能性。但作为投资人，也应当理性看待目前AIGC赛道存在的客观问题。首先，是资金投入和商业周期，AIGC领域除了部分已经成熟的垂类应用外（比如TTS），基本上都需要大量的资金投入。而在盈利模式上，To B的基础层公司对大客户依赖度高，To C的应用层公司目前依靠用户付费方式，需要在市场上获得足够的用户，因此竞争相对激烈。其次，我国对AIGC相关的监管政策并未完全明确，比如AI绘画、文本生成等领域的版权问题，因此政策方面可能存在不确定性。另外，目前AIGC还没有实现类似"互联网+"的产业赋能体系，不少公司从技术到场景都未成熟，还有一些则是利用AIGC概念进行炒作，获取短期回报，如投资人希望入场，需要谨慎识别其实际业务能力。

从大趋势来说，AIGC的发展势不可当，就像电灯替代煤油灯、电脑逐步替代手写一样，这是科技进步的必然结果。在这个大趋势下，投资人需要建立起自己的投资方法论。具体来说：

其一是专业知识的不断积累。一方面，投资人可以多关注和学习相关计算机、人工智能方面的知识，在掌握基本的知识体系和逻辑的基础上，进行深入的行业研究，不断加强自身和团队的信息处理能力；另一方面，可以加强实践，多使用ChatGPT等新工具，对比不同的模型和应用，建立直观的感受。

其二是积累和研究商业案例。通过公开信息、行业活动、专家访谈等方式，了解目前AIGC或AI相关基础设施、硬件等产业的实际案例，分析其成功或失败的原因，了解AIGC产业成长路径的自然规律。

其三是融合自身的实践经验。不少专业投资人曾经在其他行业积累了多年的工作经验，已经具备完善的方法论。在进行投资决策时，投资人们可以回顾自己的行业经验，寻找通识性的认知和感受，从而做出更合理的判断。

其四是对自身情况进行客观理性的评估，包括投资风格和偏好、风险承担能力、盈利目标、相关行业资源等。在自己能把握的范围内，进行投资决策和判断。

有人曾经将投资企业比喻成养孩子。初创企业就好比一个婴儿，有生存的本能但是需要人工喂奶，投资人就是喂奶的人。当婴儿成长为儿童后，他才能自己走路、跑步，这中间需要各种各样精心的照料，所以实际上投资人投入的不仅是资金，还有各方面的支持和帮助，甚至当公司进入快速成长期以后，也可能出现管理问题、股权纠纷等。因此，选择AIGC作为投资赛道，更需要具备长期主义的心态，深入挖掘公司核心竞争力，不断深化认知和公司共同成长。

AIGC创业之路

AIGC创业：技术仅仅是及格线

现在是否该入局AIGC创业赛道？我该如何选择细分市场和领域？如何避免盲目跟风和同质化产品？ 如何获得投资人支持？这是很多AIGC创业者思考的问题。在解决这些具体问题之前，我们应该注意一点：AIGC创业和以往所有的创业领域都不一样。

以往的创业大致可以分为商业型创业和技术型创业。商业型创业是利用现有的社会经济条件和技术水平，用创新商业模式提供产品或服务，从而填补某些细分市场的空白；技术型创业是将先进技术转化为产品和服务，或是将现有技术的内在价值进一步挖掘，形成新的业务模式。AIGC创业显然是技术型，但是与以往的技术不同，AI本身是在一刻不停地进化的，其技术迭代的速度远远高于其他技术；同时AI的发展方式决定了它不仅是一种生产工具或平台，更是劳动力本身，甚至可能成为社会的新主体。因此，AIGC创业者的思考核心，不是复制互联网时代的成功，而是思考新时代的新机遇。

除了新的出发点之外，创业者们往往还面临一个问题：技术和认知的协调问题。技术进步过快，人的认知难以跟上，而且技术进步有时候过于超前，走在了人们具体需求的前面，因此很难保证商业层面的可行性。就像我们现在都已经习惯于各类语音产品，而科大讯飞2000年推出的语音产品“畅言2000”当时并未取得成功，但并不代表这项技术没有商业化的潜力。

因此，创业者们一开始就应当考虑的是：这些技术是否有立刻商业化的潜力。如果暂时无法商业化，那么这条路还需要多久才能走通。AIGC创业赛道技术门槛只是及格线，更重要的是如何形成可行的商业模式。

对于商业模式的思考，我们不妨参考“十倍理论”。这个理论由蒂尔·马斯特斯在《从0到1：开启商业与未来的秘密》一书中提出，此人是硅谷创投教父、PayPal公司创始人、Facebook首位外部投资者。

“十倍理论”指的是一项技术比竞品或类似的产品好10倍，才能带来真正的垄断优势，或者说创业者能够将现有的技术进行综合改善，将用户体验提升至之前的10倍，就能产生巨大的竞争优势。比如Amazon早期的愿景是“做世界上最大的书店”，他们的做法是在网络上提供大量电子书，通过低价销售Kindle硬件，搭配电子书销售费用和会员费用等，形成盈利模式。比起当时的电商，Amazon的做法做到了“好10倍”，方便、省钱又有良好的用户体验。但Amazon在中国却无法成功，因为当时一些中国人的版权意识不强，免费电子书资源很容易获得，对于中国用户来说，“破解Kindle+免费电子书”比Amazon的商业模式“好10倍”，几乎没有经济和时间上的成本。因此“十倍理论”的根本要素在于：以用户为中心，解决用户最根本的需求、保证良好的用户体验，让用户买账。

那么“十倍理论”为什么是10倍，而不是5倍？其实，10倍或者5倍并不是关键，“十倍理论”关键要义在于新产品和服务带来的体验感提升必须要非常明显，要让用户能够深刻和直接地感受到前后的差距。比如，有一个“800公里以内高铁对民航行业造成了冲击”的说法，指的是800公里内的旅程，不少旅客会倾向于选择高铁出行。因为虽然飞机速度快，但高铁速度快、发车频次高、站点一般在市区、候车时间短、检票等手续简单等特点，极大地提升了中短途旅行的体验。而在长途旅行中，由于涉及过夜、转车或无法到达等问题，高铁出行就不具有优势了，这时候旅客会选择飞机出行。

因此，创业者在选择赛道的时候，不妨思考一下，这个项目在哪些方面能够提供“10倍”的优势，让用户明显感觉到体验的提升。比如，AIGC带动的绘图应用的火热，正是由于绘图应用只需要输入Prompt，不再需要手动画图，极大地降低了创作门槛和提高了创作的速度。这项“10倍”用户体验的提升对于从业人员、美术专业的学生和毫无基础的普通人来说都具备吸引力，对比普通的绘图软件，扩大了受众面。

但是这里又涉及一个问题，由于类似于AIGC绘图的领域、细分领域已经有不少玩家了，那么该如何避免成为热潮中的陪跑者？

确定是创业而不是跟风。过去几年里，我们已经见证过很多热潮过后的一地鸡毛，从市场的角度来看，在充分竞争的市场中，优胜劣汰留下具有核心竞争力的公司，这是很好的事情。但从创业者的角度来看，自己的努力和奋斗无疑成了黄粱一梦。

2016年前后的共享经济热潮，带动了共享单车、共享汽车、共享充电宝、共享雨伞等各种新业态，但当热度消退之后，大量企业倒闭、用户租金无法退还，造成了不良社会影响。共享经济的不成功，并非在于误判消费者需求，实际上以共享单车为例的

“解决出行最后一公里”的目标，是切合消费者出行需求的。共享经济的问题主要在于：

- 成本控制不合理，未能形成规模效应。前期靠大量投放占据市场，但生产和管理成本并未因规模提升而降低，反而形成了巨大负担。
- 盲目投入，无技术和业务场景沉淀，大量同质化产品和服务造成市场供过于求。所有人几乎在同一时间入场，产品和服务也没有额外的创新点，形成了无效内卷，资金投入无法有效转为经济效益。
- 缺乏长远规划，与城市管理政策冲突。以共享单车为例，大量单车无序投放，影响了市容和市民步行出行。相关城市管理政策的出台，极大地限制了业务的投放，因而缺乏资金的中小企业很容易被淘汰出局。
- 恶意竞争、管理能力跟不上，无法保证基本的用户体验。共享单车自身车辆质量问题、管理团队有限、无法及时维修等因素，造成用户容易用上已损坏的车辆，让原本是解决问题的业务，变成了给用户“添堵”。

另外，部分共享经济业务被认为是“伪需求”，或至少是需求量不够大，比如共享充电宝。虽然时至今日，头部共享充电宝企业仍然正常运营，但成本上涨、管理失当等问题引发了关注，比如充电宝本身充电慢、部分共享充电宝不断涨价、工作人员故意将充电箱填满导致用户无法正常归还，等等。经历了一段时间的“混战”，2021年，街电和搜电正式合并为竹芒科技。根据头豹研究报告，2022年竹芒科技市占率为39.5%，怪兽充电为21.3%，小电为15.4%，美团为14.7%，其他企业为9.1%。[①]形成了明确的市场格局，头部企业占据主导地位，中小玩家几乎没有机会。

如今AIGC的创业热潮也会引发大众的担心，盲目的跟风是否会造成类似共享经济的结局。对于创业者而言，最基本的事情是确定创业，而不是跟风。所谓的确定自己是在创业，是要明确自己在做什么、这件事能够带来多少价值，而这个价值里面的部分是自己能够掌握的。对于AIGC赛道的创业者来说，如果是选择垂直细分领域，那么首先应该考虑这件事是真实需求还是所谓的“伪需求”，以自身的能力能够创造出多大的价值，并且创造的价值当中有多少是自己能够把握的。

比如，现在一些AIGC创业已经呈现出“API接口+应用”的模式，就是采用开源模型进行二次开发，但是本身并没有技术或者业务壁垒，可替代性强，产品的生命周期也有限，因此不具备长期投入和经营价值。这些项目被认为同质化程度比较高，**但其根本原因不在于开源问题，而是商业模式的问题**。因此，创业者首先应当强化自身的知识体系和认知方法论，对商业模式、自身

① 头豹研究院《2022年中国共享充电宝行业市场研究报告》。

能力和愿景有足够的了解，而不是一味追求热点。

技术+投资两手抓，萨姆·阿尔特曼的个人经历可以复制吗？

萨姆·阿尔特曼在创立OpenAI之前，有过创业和风投的经历。他在斯坦福大学攻读计算机专业两年后，选择了退学创业，于2005年创办了Loopt。Loopt是一个以地理位置为核心的社交网络，能够帮助人们根据自己的地理位置社交以及找到附近商店的优惠信息等，也能帮助商家将营销信息发给附近的人。Loopt在创办之初就获得了YC的天使轮投资，后又获得红杉资本、恩颐投资（New Enterprise Associates）领投的A、B轮融资。2012年，阿尔特曼将公司以4300万美元出售给预付卡公司Green Dot。

之后，阿尔特曼创办了风投公司Hydrazine Capital，主要投资于生命科学、特色食品、市场、大数据、医疗保健、消费者网络、企业软件、互联网连接硬件和教育行业。2014年，阿尔特曼成为YC总裁。之后，他发表了一篇论文，呼吁能源、生物技术、人工智能、机器人创业公司向YC申请，并将公司文化改造成更加极客的风格。同时，他推出了针对初创企业家的创业课程，帮助他们学习如何创业。在2014年斯坦福的一次课程上，阿尔特曼将初创公司成功的要素归因于“想法 × 产品 × 执行团队 × 运气，其中运气是0到10000之间的随机数”。

2015年，阿尔特曼和马斯克等人一起创办了OpenAI，并在

2019年正式辞去YC总裁一职，专心于OpenAI的事业。后来的事情大家都知道了，ChatGPT成了全球最火爆的产品。

阿尔特曼成功的经验，除了他自己提及的专注、自省、指数级增长、改变世界的愿景之外，还在于他既了解技术和业务，也对资本市场有足够深度的观察。在2014年担任YC总裁之前，他在YC担任了3年多的兼职合伙人。他自己不仅是连续创业者，还是投资人、企业管理者，这些经验让他具备了更长远的眼光和洞察力。

阿尔特曼的个人经历，对于广大AIGC赛道的创业者来说，或许难以被模仿或复制，但可以作为一种参考思路，就是技术和资本两手抓。阿尔特曼对技术的钻研和沉淀自不必说，他在资本圈的多年经历也让他深谙融资之道。2023年4月28日，OpenAI完成了新的融资，首先是老虎环球管理、红杉资本、加州Andreessen Horowitz、纽约Thrive、K2 Global和Founders Fund等机构以3亿美元入场OpenAI新一轮融资，然后微软也注资了100亿美元。OpenAI的发展需要长期的投入，因此充足的弹药必不可少，未来将如何，我们可以拭目以待。

第三篇

AIGC的未来展望

— 第十一章 —

AIGC发展前景分析

随着AIGC技术与应用逐步“飞入寻常百姓家”，大家对其未来发展场景也越发好奇。在2023年举行的开发者大会上，英伟达的黄仁勋说“AI的iPhone时刻”已然降临。遥想十多年前乔布斯发布首款iPhone，如同平地起惊雷一般轰动了整个手机行业，从此智能手机走入大众视野，手机厂商甚至用户习惯都随iPhone而改变。当年苹果还曾因为“试图改变消费者”而备受争议，而时间却终究证明，先进的技术就像一把钥匙，能帮人们打开新世界的大门，只是需要有人来告诉我们，大门已在眼前。AIGC或许就是给我们这把钥匙，并把我们带到门口的人。

毋庸置疑，未来AIGC的技术将不断进步。

大模型百花齐放

ChatGPT火爆全球以后，中国网民们开始热议一个话题："我们是否也需要类似ChatGPT这样的应用？"答案当然是肯定的。原因有三：一是按照目前情况来看，ChatGPT未对中国用户开放，而其强大的功能却已经证明了市场需求的存在，而且未来如果AIGC的技术更加成熟，很容易成为对我国新的"卡脖子技术"；二是头部大模型几乎都是以英语为母语来开发的，对中文的自然语言处理能力有待提升；三是大模型不论是训练过程还是正式上线，都会涉及大量的数据，其中数据安全的问题将成为潜在问题。如果中国的厂商开发出我们自己的大模型，将能保证用户体验感、安全性和稳定性。

AIGC未来的发展趋势之一，必然是大模型的百花齐放。这些大模型可能会在商业化的过程中经历大浪淘沙，部分参与者会退出舞台，但剩下的大模型将与更多AIGC应用结合起来，展现出新的活力。

大厂商做法：大模型+主营业务

大厂商在大模型的开发和实践方面具备了得天独厚的优势：多年的技术积累和成熟的技术团队能够为研发提供扎实的保障；多元化的主营业务是大模型应用的试验田和商业化推广的渠道；海量的数据和客户积累能够为模型训练提供更多反馈；充足的资

金能够支撑大模型的训练成本，同时承担起研发期间无法盈利的机会成本；相较于科研院校和机构，大厂商对产业的了解更深入和透彻，也更能满足效率、标准和成本控制要求。

很多时候大厂商面对各类项目，需要开发各种定制化的小模型。每个模型开发都需要时间，并且都涉及数据清洗、数据增强、模型适配等重复性工作，因此对开发团队的技术要求高。而且一旦在开发途中出现问题，可能需要推倒重来或进行大幅度调整，这样就大大提升了开发成本。因此，大厂商们需要一种通用型的开发方式来解决这个问题，形成一种零件化、标准化和流程化的范式。于是，大模型的开发工作应运而生。

案例：华为的盘古大模型

2020年华为立项了盘古大模型，旨在以华为云为基础，开发出能适配华为各项业务的AI模型。立项之初，团队就确立了三项准则：一是可以处理海量数据的大模型；二是能够发挥模型性能的网络结构；三是模型具备强大的泛化能力，也就是在各个场景都可以使用。在明确的技术开发战略下，多模态的预训练大模型能够与机器视觉、自然语言处理、语音和计算机图形等技术相结合，使模型在处理跨领域数据时更加高效准确。另外，盘古大模型可以应用AI的方法解决科学计算问题，提高计算效率和精度，进一步推动AI技术在海洋、气象、制药、能源等领域的应用。

作为一款AIGC模型，华为盘古大模型已经可以赋能一些产业。比如说“AI+医药”，盘古大模型能够在药物开发中发挥作用：通过“图–序列不对称条件自编码器”架构，盘古大模型能够对药物分子结构进行分析，形成量化结果；利用海量数据训练，模型掌握了超过17亿种药物分子的化学结构，能够预测超过80种属性，包括水溶性、吸收、代谢活性、排泄速率、毒性等。制药产业最大的两大痛点就是研发周期长及成本高，盘古大模型的使用能够解决这两个问题。如果未来盘古大模型在药物研发方面的应用，能够进一步成熟并与医疗设备相结合，就能推动更多医疗行业智能化发展。

盘古大模型还能用于智能巡检，比如为国网重庆永川供电公司提供智能巡检服务。由于该公司地处重庆西部，覆盖了45座变电站、1611公里输电线路、5126公里配电线路，人工巡检任务量大、难度高。通过无人机智能巡检，公司能够实时掌握输电线路、变电站、配电线路等情况。

实践经验证明，盘古大模型已经实现了从学术研发层到产业层的转变，形成了“基础大模型—行业大模型—细分场景大模型”的发展路径，为各个大模型产业化应用提供了良好的范例。

阿里达摩研究院的通义千问

2023年4月11日，在阿里云年度峰会上，阿里云智能首席技术官周靖人介绍了阿里自研大模型“通义千问”。该模型支持多轮对话、文案创作、逻辑推理、多模态理解、多语言支持。

会上播放了一段3分钟的短片，展示了通义千问的具体功能，比如在办公场合，智能助理可以帮助用户订机票、酒店，规划路线和打车，还能够生成会议纪要、邀请函和海报等。在居家场合，用户可以通过喊话智能助理获得小朋友写故事的思路、大人运动健身的背景音乐和做菜建议等。在购物场合，用户只需要简单地提出需求，智能助理就会自动生成相应的建议，并附上购物链接，比如18岁女生第一次化妆需要准备什么，或者是为爷爷的80岁生日宴会策划思路。这些应用展示了智能助理在多种场景下的应用价值，可以大大提升用户的生活和工作效率。

会上，阿里巴巴董事会主席张勇还宣布钉钉和天猫精灵将接入“通义千问”的人工智能应用，该应用是阿里达摩院研发的大模型，具备AIGC功能用以辅助办公。

比如在群聊中生成聊天摘要，帮助新入群的用户了解背景信息，以免大量信息造成的遗漏，也可以通过对群聊信息的检测、分析，推断出共同任务，生成待办事项。同时，类似ChatGPT，通义千问也能够生成工作计划、提纲列表、工作日志等文案，帮助同事们减少重复性工作。对于创意性文案，通义千问可以利用用户拍照上传，生成一些低代码的应用。最后，在线上会议中，通义千问可以帮助生成实时字幕，也可以帮助中途加入的同事了解之前讲的内容，并将内容和人对应起来，还可以根据会议视频生成会议纪要。

钉钉和天猫精灵接入通义千问后，经过测试和评估，才会正式发布相关功能。后续通义千问还会接入更多阿里的应用场景。虽然通义千问的实际效果还需要更多真实信息反馈，但通义千问无疑代表了企业数字化升级的一种新方式——利用人工智能内容生成的能力，减少自然人重复性的脑力工作，降低信息传递和沟通的成本，从而将精力放在更多的人工智能暂时无法取代的工作上。

通义千问是一款典型的大厂产品，其使用价值和产业价值与阿里业务生态息息相关。在“阿里全家桶”当中，通义千问不仅起到升级功能的基础性作用，还能推动业务商业化层面的变革。“通义千问是既定路线中的一个节点，不是起点，也不是终点。”周靖人说。

腾讯混元大模型

混元是由腾讯开发的大模型。2022年4月，腾讯首次对外公开该模型的研发进展。混元结合了计算机视觉（CV）、自然语言处理（NLP）和多模态理解能力。它在包括MSR-VTT和MSVD在内的五个权威数据集榜单及三个CLUE（中文语言理解评测集合）排行榜中拔得头筹，在CLUE测评中，还刷新了榜单纪录，取得了80.888的高分。

2022年6月，混元在腾讯内部用于广告投放业务，旨在“降本增效”。2023年2月，腾讯正式成立了“混元助手”项目组，将以混元模型为基础，和腾讯公司内部的多个团队合作，共同建立一种大规模的语言模型。目标是使用性能稳定的强化学习算法进行训练，最终打造出腾讯智能大助手。

事实上，腾讯在AIGC上的布局思路非常清晰：以投资的方式布局人工智能和云基础设施，以此为基础将混元大模型与腾讯既有的各项业务相融合，既可以提能增效，又可以创造新的盈利点。比如，现在的小程序是由程序员开发，以后可能用AI生成小程序，同时将人工智能客服功能也融入进去，用户就可以获得更加智能并且随时能够“秒回”的客户服务。

360打造大模型产品矩阵“360智脑”

2023年3月29日，在2023数字安全与发展高峰论坛上，360集团创始人周鸿祎介绍了360AI，坦言目前还需要更多的训练，未来360AI将以自身的搜索业务为应用来接入更多场景。

周鸿祎用小孩学说话的过程来比喻AI的训练，当孩子牙牙学语的时候难免经历一个不理解语句意思，只能“胡说八道”的过程，而当他逐渐长大拥有了思维能力的时候，他就会知道自己在说什么。同时，他解释了AIGC和搜索的本质区别，搜索是“找资料”的过程，所有的信息都是已有的，只需要搜集、规整，而生成式更类似于人类的大脑，能够联想，具备思维能力。

商汤科技“日日新”

2023年4月10日，商汤科技在技术交流日活动上公布了“大模型+大算力”的AGI发展战略下的“日日新SenseNova”大模型体系，并现场展示了其内容生成、图像生成、自动以模型训练、数字人视频生成等功能。其中商汤的大语言模型“商量”具备多轮对话和超长文本理解能力，“编程助手”能够帮助程序员高效编程，文生图工具“秒画”能够在用户输入相关主题的文字后，快速生成对应主题的图片。而数字人生成平台“如影”则可以通过真人视频创作相关内容，比如AI换装、AI文案一键生成等。目前，商汤科技的“日日新SenseNova”大模型体系只面向合作伙伴开放，暂未推出个人用户版本。

目前，这些大厂商已经如火如荼地投入大模型工作中，从企业战略的角度来看，以大厂商主营业务为依托开发大模型，既可以扩展已有业务场景，提高自身竞争力，又可以提前“抢占山头”，布局大模型未来的商业机会。

大模型创业：新的参与者们

2023年，知名企业家、连续创业者王慧文和王小川分别宣布将涉足大模型领域创业，由此引发了热议。

2023年4月6日，搜狐大厦光年之外办公室门口，摆放着几个花篮，昭示着一家新的公司正式诞生。这家公司的创始人王慧文曾经在如今的商业巨头美团的发展史上扮演着重要角色。彼时王兴已经多次创业，在关掉了饭否后创立了美团。当王慧文收到王兴的邀约时，他放弃了自己当时的创业公司，选择加入美团，连期权、股份之类的细节都没有问。在很长时间内，王慧文的公众印象是美团二把手、美团的功臣之一，但他也是个很爱“折腾”的人。2020年，官宣从美团离职后，王慧文并没有闲着，而且开启了新探索。终于，他等到了这个机会。

“我的人工智能宣言：5000万美元，带资入组，不在意岗位、薪资和title。求组队。”他在朋友圈里发布了一条英雄帖，新的征程就此开启。在招兵买马上，王慧文称光年之外将拿出75%的股份用于吸纳优秀人才。目前，搜狗输入法之父马占凯、前智源研究院副院长刘江都官宣加入。为了进一步提高技术能力，光年之外还以收购为主要打法，目前正在接触初创公司深言科技。该公司是由清华大学自然语言处理实验室（THUNLP）和北京智源人工智能研究院（BAAI）孵化，主创团队均有清华背景。目前深言科技的WantWords、WantQuotes等产品已有数百万用户。此外，除了光年之外，还对一流科技、面壁智能等公司也表达了意向，后者表示更希望独立发展。

同样在2023年4月，搜狗创始人、前CEO王小川官宣成立大语言模型公司百川智能。相较于光年之外的2亿多美元的投资（王慧文个人投资及VC机构认购），百川智能显得弹药不那么充足，但百川智能在AI技术方面被认为是有一定的沉淀和积累，这主要与创始人王小川的创业经历有关。

在搜狗时期，王小川团队就注重AI技术的开发和应用，除了输入法、搜索引擎、浏览器等搜狗主要产品，2016年搜狗推出基于神经网络的实时机器翻译技术，2018年又推出全球首个全仿真智能AI主持人。而对于不断迭代的输入法，搜狗在2019年推出的搜狗输入法10.0版本中，推出了以AI为基础的“AI逐字校对”“AI长句预测”，将用户的平均输入速度提升了30%。可以说，王小川和搜狗团队本身就具备人工智能的基因。

王小川对百川智能的业务定位是“两条腿走路”，即同时做好通用大模型和垂直类应用大模型的工作。在谈到业务场景的时候，王小川说：“什么行业知识密集，什么行业就是适合大模型首先进入的场景。”百川智能将搭建好大模型底座，在搜索、多模态、教育、医疗等方面不断增强，为社会大众提供知识和专业服务。

大模型创业主要有两类：一类是以技术底座为方向的通用大模型，另一类则是以应用为导向的垂直类模型。现在普遍认为通用大模型更适用于大厂内部的二次创业，比如前文中列举的各大厂都在自主研发，而创业者们可能更适合垂直类模型的开发。但未来是否如此呢，我们无法判断，但可以肯定的是，对于这些理想主义者，我们应当给予尊重。就像王小川在公开信里写的那样："通用人工智能时代刚刚开启，我们作为第一批跨入新时代的人类，带着焦虑和好奇去拥抱它，思考和探索'我是谁？'我们还可以把自己的智慧注入它，做新时代的开创者，让后代们有一个更美好的未来，繁荣和延续人类文明。"

未来趋势：AGI时代的到来

AIGC发展新趋势

以目前的AIGC技术来看，AI成长需要延续深度神经网络的机器学习，也就是如同ChatGPT一样，在人们不断更新的数据中"不断成长"。但是这种方式不仅成本高昂，而且对算力需求大，产生的碳排放也是惊人的。以ChatGPT为例，官方没有公开的准确数据，但是据第三方机构估算，ChatGPT部分训练消耗了1287兆瓦时的电力，并导致了超过550吨的二氧化碳排放[①]。

一家AI初创公司Hugging Face对自家的大模型BLOOM进

① https：//36kr.com/p/2159458032148484。

行了测试。BLOOM有1760亿参数，研究人员使用CodeCarbon的软件工具进行了18天的测量，发现产生了25吨的二氧化碳排放，而他们将设备制造部分产生的碳排放也考虑进去后，这个数字是50吨，相当于在纽约和伦敦之间坐飞机往返60次。据估计，全球科技行业占全球温室气体排放量的1.8%至3.9%，其中AI模型训练产生的碳排放目前并不是科技行业中碳排放的主要来源，但是在未来的发展中，碳排放的问题将日益显著。

因此，AIGC技术发展路径之一，就是找到一种能够降低能源消耗的发展方式。科技巨头谷歌也留意到大模型碳排放的问题，它们对此展开了研究，并发表论文*The Carbon Footprint of Machine Learning Training Will Plateau, Then Shrink*，提出了四种降低能耗的方法（4Ms）：

- 优化模型架构。
- 优化机器的处理器和系统。
- 部署云计算，减少本地部署。
- 地图优化，让客户选择清洁能源的地点。

除了低碳化的发展趋势外，未来AIGC还将衍生出新的训练方式。斯坦福大学最近用大约600美元的成本“克隆”出了ChatGPT AI。这是如何做到的呢？首先，斯坦福大学的科学家们对GPT进行了微调，并使用API来让175个人工编写的指令生成更多内容，一次输出20个结果，科学家们在很短的时间内就收集了52000个样本对话。然后使用Meta公司的开源大语言模型LLaMa进行后期训练，依靠8台80-GB A100云处理计算机，他们在3个小时内就完成了训练，总共花费约600美元。

虽然某种程度上，斯坦福大学团队的模型并不是完全的“原创”，但他们为未来的AIGC应用商提供了一个思路——当大家都在原创大模型的时候，是否能够通过“开源+微调”的方式形成适合自己需要的模型？未来是否可以通过这种方式，降低成本、优化分工，让底层技术公司负责大模型的开发和训练，而应用层的公司则进行评测、微调、二次开发及商业化应用？甚至连中间过程都可以外包给第三方，应用层的公司只需要负责商业应用层面的事务。

在此我们可以畅想一下，未来围绕AIGC会形成更加完善和明确的产业链，就好像飞机制造产业链全球化一样，每个国家和地区都只负责其中一部分零件的供应，最终零件运送到总生产线进行组装，组装完成后还需要工程师调试和评估，后续的服务工作也由专业团队负责。未来大模型将由固定公司负责，它们可以通过专业化分工，将各个环节细分和优化，不同公司只负责其中一部分，而不是All-in。

现在一些互联网头部企业选择“All-in AI”的战略，更多的是从现在的实际情况出发，技术尚未成熟、应用场景未完全实现，可以先入场跑马圈地。但是当未来AI渗透率越来越高，应用场景越来越细致的时候，单个公司很难继续“All-in AI”，只能是深入一部分垂直领域，加上投资、并购等方式来尽可能覆盖更多业务场景。而整体的大趋势是以底层的大模型为基础，形成更加完整的产业链和更加细致的分工。

奇点临近：强人工智能时代的真正来临

在ChatGPT的热潮之下，“强人工智能”开始让人们心潮澎湃，甚至有人想着，我们是不是已经到了这个阶段。但客观来说，我们目前所有的AIGC，本质上离强人工智能还很远，因为它的成长仍然依靠人工不断地“投喂”数据。我们期待的强人工智能，也就是AGI（Artificial General Intelligence，通用人工智能），它具有自主思考能力、能自己分析和判断事物发展走向，拥有自主学习意识和能力，能够真正帮助人们解决实际问题、让社会变得更加快捷。比如在银行开展接待工作的机器人，它们可以像大堂经理一样完全解决人们的问题，并且不需要下班，也不需要吃饭。当客户投诉机器人之后，它能根据以往的经验进行反思，知道下一次该如何改进工作，而不再需要人工调整模型。

AIGC的普及，是我们通向强人工智能的必经之路，虽然从技术上我们距离真正的强人工智能还有很长的路要走，但技术更迭的速度已经在变快。美国的未来学家雷·库兹韦尔在《奇点临近》中使用了一个比喻：一个鱼塘主人为了确保鱼群能正常生活，观察了湖面浮萍的生长速度，因为浮萍的生长速度会不断翻倍。此人观察了一阵，发现浮萍只占据了湖面很少部分，并不会影响鱼群生长，于是外出度假。可是当他回来之后，发现湖面满是浮萍，鱼群也已经全部死亡。这就是所谓的“指数级增长”，或称之为“加速回报定律”。

所谓的“奇点”，就是技术发展和社会进步到一定程度的一种状态。由于具体技术和数据以指数级的方式增长，虽然技术进步的速度不会是无限的，但当跨越某种临界点时，技术会形成爆炸式的增长。这种新的增长，也许会彻底改变人类的社会经济结构、历史进程，帮助人类跨越生物学上的局限性，突破人与机器的隔阂、物理世界与虚拟空间的界限。

库兹韦尔对人工智能、信息技术、生物和基因等多个学科进行了研究，并对强人工智能时代进行了预测：

- 信息技术动力（性价比、速度、容量以及带宽）正在以指数级速度递增，几乎每年都要翻一番。
- 2010年，人类将使用超级计算机模拟人类智能，2020年实现硬件设备模拟人类智能。
- 到2025年，人类将会成功地逆向设计出人脑。到21世纪20年代末，计算机将具备人类智能水平的能力。2045年出现“奇点”时刻，非生物智能将全面出现。

- 到21世纪末期，计算机将通过图灵机测试，生物智能和机器智能将形成融合。

尽管现在看来库兹韦尔的预测过于乐观，但AGI掌握学习能力、结合人类的生物学特征，基本上是人工智能未来发展共同的愿景。

脑机接口：AI与生物体的结合

AI还将朝着“类人脑智能”方向发展，未来AIGC的运作会更加接近于人类大脑，具备逻辑推导能力和更好的表达输出能力。传统AI的神经网络学习训练方式存在着几点局限性：①需要的数据量大，并且需要持续不断地输入数据；②AI的进步高度依赖“训练”，就像是一个被父母教育了才会写作业的“学渣”；③AI的感知能力有限，比如对文字的理解仅限于字面意思，逻辑推理能力不足，所以解决问题的能力仅限于它学习过的内容，没接触过的内容只能等待新的训练。

因此，类人脑智能是我们所希望的新发展方向。类人脑智能的发展主要从四个层面开展：

- 基础理论层：研究人类大脑的运行机制和功能结构。
- 硬件层：非冯·诺依曼架构的类脑芯片，如脉冲神经网络芯片、忆阻器、忆容器、忆感器等。

- 软件层：核心算法和通用技术，核心算法主要是弱监督学习和无监督学习（机器学习）机制，通用技术主要包括视觉感知、听觉感知、多模态融合感知、自然语言理解、推理决策等。
- 产品层：类人脑智能硬软件结合最终形成的产品，包括脑机接口、脑控设备、神经接口、智能假体、类脑计算机和类脑机器人等。

想象一下，未来我们想学习一门新的课程，不再需要大量看书、听课，只需要往脑袋上接入一个线缆，就能将知识“导入”到脑海当中；我们玩游戏，也不再需要动手操作鼠标，而是可以通过可穿戴设备，用意识去操作。脑机接口是未来人类获取信息的方式，通过物理设备（颅内设备或可穿戴设备）将AI与人类自然的智能联系起来，AIGC产生的内容会直接与大脑打通，从而打通人与机器之间的最后一道防线。

脑机接口能够帮助人类突破现在无法完成的事情。比如，未来我们利用脑机接口，帮助残障人士安装假肢，假肢会与他的大脑相连，这样一来，残障人士不仅能够走路甚至完全恢复运动能力，而且具有正常肢体的感知能力。同样的道理，未来AI还可以帮助老年人恢复行动能力，帮助失明者重见光明，帮助失聪者重新听见声音。

人类精神世界的变化

AGI对人类认知的冲击

AGI的到来将对人类现有的知识体系造成全方面的冲击，也可以认为是新的改造升级。这也是为什么创业者们对当下的AIGC抱有前所未有的热情和期待，虽然谁也不能给出确定的结论，但我们期待的奇点，已经来临。

在计算机领域，现在的GPT-4 在Leetcode上的编程题目上已经能够达到人类程序员水平，那么当AGI真正到来之时，是否能彻底颠覆目前的计算机科学教育？ 现在我们培育一个优秀的程序员可能需要本科或者硕士学历教育，那么未来程序员的门槛是否会极大地降低？现在的计算机专业教育，包括数据管理、软件工程、网络运维、数据分析等相关领域，未来是否还存在？我们目前不得而知，但可以肯定的是，程序员从在校教育到职业规划、发展路径都将发生翻天覆地的变化。

在心理学方面，我们常常吐槽现在的AI如同“人工智障”，不解风情也无价值观，但是在AGI真正到来之际，AI是否能掌握心理学知识，从而产生人的同理心和共情能力？在360介绍自家AI的时候，周鸿祎曾经开了个玩笑，说AI能够理解领导在会上说的“我还要再讲十分钟”意味着什么，说明它已经有了情商。当然，他也解释说现在的AIGC可能是通过某些公司的员工手册作为训练素材，从而掌握应对领导的方法。那么在未来，AI是否能产生原生的情商呢？如果可以，那么人类的心理学教育或许也将发生改变，可能以后的心理咨询师都由AI来担任，也可能以后不是机器来学习人类的心理，而是我们去学习“人工智能心理学”。

在管理学方面，显然AGI会让机器人成为新的社会主体，那么从商业管理到社会治理的方式都将产生变化。我们现在学习的管理学，都是以自然人类为中心，通过组织架构、人员的配置方式来增强企业的凝聚力和执行力，从而实现商业价值和资源的最佳配置。但在AGI时代，我们可能要学习的是如何控制和管理AI资源，配置机器人的能力，从而让商业乃至整个社会高效有序地运行。当然，那时候如果AI产生了真正的自我意识，可能会不再服从人类的管理，会产生新的问题。这也是为什么埃隆·马斯克说“人工智能会比核武器还要危险”。

赛博朋克文化浪潮

恩斯特·克莱恩的畅销小说《玩家一号》里描述了“绿洲”的世界（该小说后被斯皮尔伯格拍成电影《头号玩家》）。“绿洲”中人们可以享受公共教育，在现实生活中贫穷的男主角韦德寄人篱下，还上不起学，而在“绿洲”他到虚拟学校读书、认字并了解他自己出生之前的世界。现实世界中专门的通讯运营公司IOI来提供绿洲的基础网络服务，并设计和销售“绿洲”中的商品，还可以雇人来帮自己做事——寻找创建者哈利迪留下的三把钥匙，从而获得掌握整个虚拟世界的权力。男主角韦德在“绿洲”中也参与了寻找钥匙的历险，他和同伴们一起克服重重困难，最终战胜了竞争对手，拿到了钥匙，也获得了爱人的青睐。但他最后说道：“那一刻，我生平首次有了这样的感觉：我再也不想回绿洲了。”韦德他们在周二和周四关闭“绿洲”，让更多人回归现实生活。

AGI时代的到来，不仅是技术进步的过程，也是科技推动人文关怀的过程，所有技术搭建起来的平台、空间，最终要帮助我们找回自我，这是人类通过科技思考生命的过程，也是人类想象不断施展的过程。

关于科技和未来的想象，我们可以用“赛博朋克”这个词来形容。赛博朋克英文为“Cyberpunk”。“Cyber”来自“控制论”（Cybernetics）；“punk”是“朋克”，最早来源于20世纪60年代的一种摇滚乐，代表着一种独立的精神内核。“赛博朋克”一词来自小说家布鲁斯·贝思克的短篇小说，作者的原意是创造一个词来表达高科技与创新精神的融合，于是“赛博朋克”这个词诞生了，后来逐渐形成了文学艺术风格，也可以用来表达人的精神需求。

1984年，威廉·吉布森的科幻小说《神经漫游者》塑造了一个非常具体的赛博朋克空间。在这个故事中，人们通过神经让意识连入网络，并在虚拟空间中活动。主人公凯斯被注射了毒素导致他无法再接入计算机网络，成为一个被社会遗弃的人。某天，他接受了任务，去入侵一个强大的计算机系统。为了实现这个目标，凯斯需要入侵一个名为“神经网”（The Matrix）的虚拟网络，并从中盗取一份极为重要的文件。但是，在这个过程中遇到了各种困难，最终他成功完成任务，并回到了现实生活中。

在这个宏大的叙事中，威廉·吉布森思考了很多问题。从后现代人类社会的治理，到人类神经与网络的融合，从人工智能的犯罪问题，到人类对人工智能控制的反抗。小说中的虚拟世界像是一个乌托邦，是人们精神世界的彼岸，表达的是对人类未来的好奇以及对人工智能世界的某种隐忧。

后来，出现了一批与赛博朋克相关的影视或游戏作品，比如《银翼杀手2049》《头号玩家》《阿丽塔：战斗天使》《爱、死亡和机器人》和游戏《赛博朋克2077》，赛博朋克开始以一种审美方式占领人们的心智。威廉·吉布森曾用“高端科技，低质生活”（high tech，low life）来形容赛博朋克文化。

有人认为赛博朋克表达的是对科技和人类未来的悲观预测，因为在赛博朋克的故事中，人们总在和自己创造出来的机器博弈。而另外一些人则认为，赛博朋克表达的是新时代的人文精神和自我表达。但实际上赛博朋克是一种哲学，或是一种新的文化形态，是科技快速发展下人类精神内核的变化，是一种思考，也是一种迷茫。

就像在古时候人们将“天”作为万事万物的主宰，然后思考人是否能胜过天的问题，古往今来人们对自己命运的思考从未停止过。

教育内核的改变

AGI时代对人的精神塑造的关键途径在于教育。人类的教育方式随着历史社会的环境而变化，总体上顺应不同时代的发展要求。在历史上的普鲁士王国时期，德国的教育家威廉·冯·洪堡曾指出，当时按照贵族、骑士和普通民众分等级的教育，不利于社会的发展。他推动了德国的教育改革，建立了以“裴斯泰洛齐教学法”为基础的小学教育，形成了初等教育、中等教育和高等教育三级教育体系。裴斯泰洛齐教学法是遵循自然的方法简化教育，让人的才能的培育与自然相一致。后来俾斯麦任职期间，德意志帝国出台了《一般教育规定》，明确了教育管理体系。

后来的教育家和心理学家们则从人的角度，提出了新的教育理念。赫尔巴特认为教育应该从人的心理出发，通过人的兴趣来设计课程，激发学生追求和探索知识的内在动力，并且提出了“了解、联想、系统、方法”的教学方法。

后来著名实验“巴甫洛夫的狗”，让人们想要探寻行为和学习的关系。心理学家爱德华·李·桑代克在此基础上对动物进行了实验，这就是著名的“饿猫实验”：将饥饿的猫关在笼子当中，并提供几种不同的方式使其能够打开笼子门。第一次被关进去，猫无法逃脱，只能着急地胡乱挣扎，但渐渐地它发现了开门的方法。桑代克则再次将其放回去，观察它再次逃脱的时间，反反复复，记录下每次逃脱的时间，从而得到了猫的学习曲线。桑代克将对猫的行为的观察结果延伸到了人身上，认为人类具备更强的学习能力，但学习也应当遵循本能，通过刺激反应来强化学习效果。

斯金纳发展了巴甫洛夫和桑代克的条件反射研究，以鸽子和老鼠为对象，进行长期观察实验，提出了“及时强化”的概念。老师在其中充当引导者和设计者的角色，通过将任务拆解，让学生们以操作性条件反射逐一强化。

通过一代代教育家和心理学家的观察和创新，现代的教育理念逐渐形成。每个时期的教育理念都与历史背景息息相关，并推动了社会进步。德意志帝国依靠教育改革，形成了统一的、严苛的普适性教育，培育出忠顺而勇于战斗的国民，极大地增强了国力。而斯金纳的教育理论则适应了工业化社会的需求：具备标准化知识水平、专注于执行的人才。在当时，这样的教育方式能够快速解决工业生产中标准化人才紧缺的问题。换句话说，当时也只需要这样的“工具人”。

但到了信息时代，这样的教育方式则不再具有现实意义，反而是对人的异化。强调高度统一的模板式教育方式，磨灭了人的创造性、个人兴趣和性格特点，不适应当今高度多元化的社会。我们在前文已经探讨过，目前的在线教育存在的根本问题，是网络平台仅仅作为工具而存在，并没有改变教育方式、教学内容、教育理念以及人的整体发展观。

在智能时代，一切都应该变化。AIGC带来了具有融合性的教育观，比如STEAM。STEAM指的是“Science（科学）、Technology（技术）、Engineering（工程）、Arts（艺术）、Mathematics（数学）”。这个教育观强调的不是单一的学科教育，而是对人的综合培育，人的学习应当打破学科的界限，真正地去认识世界和了解世界。

在未来AGI时代，教育方式和理念将会进一步发生改变。未来可能在课堂上讲课的不是人类老师，而是机器人，也可能如同《玩家一号》里面一样，大家到虚拟空间中上学，而不再是物理空间。我们除了要学习现在的自然科学和人文科学之外，还需要学习如何在赛博朋克空间生活。

— 第十二章 —

AIGC 未来面临的社会挑战

人工智能伦理与政策

数据安全

AIGC的火热发展，引发了人们的全面思考，其中一个重要问题就是数据安全问题。2023年3月11日，三星半导体事业暨装置解决方案部门（Device Solutions，DS）发生了三起机密泄露事件。其中一名员工将原始代码输入，请AI给出解决办法；另一名员工为了解良品率等信息，将代码输入ChatGPT，让其优化；还有一人则利用ChatGPT将会议纪要转写成PPT，但此纪要为三星内部文件，包括不公开内容。

此事件引发了一系列争议，三星的担忧在于将代码和内部信息输入ChatGPT中，其他用户是否能搜索到，或以其他方式获取到。而一些外媒则认为，三星的数据已传输至OpenAI的服务器上，OpenAI不论出于道德或商业考虑，都不应当泄露三星机密。

但目前的难点在于，三星无法要求OpenAI对相关数据予以保护或删除，对于其争议，目前也尚无可以参考的法律条文。

2023年3月31日，意大利宣布禁止使用ChatGPT，并限制OpenAI公司对当地用户数据的处理。意大利当局认为，ChatGPT违反《通用数据保护条例》（GDPR）和意大利本国的数据保护法。意大利个人数据监管局（GPDP）指出，ChatGPT没有对收集用户信息的动作进行明确的告知，同时对用户数据的处理也可能与真实信息不符，而且ChatGPT没有对用户年龄进行明确的规范或限制。2023年4月28日，意大利恢复了ChatGPT的使用，但是加强了限制，要求增加对未成年人的年龄验证，使用者必须年满十八岁或者十三岁以上并获得监护人同意。

欧美多国也对ChatGPT展开调查。2023年4月4日，加拿大隐私专员办公室（OPC）宣布将对OpenAI进行调查，认为“OpenAI未经同意收集、使用和披露个人信息”。2023年4月13日，法国国家信息自由委员会（CNIL）决定针对ChatGPT的5项指控进行调查。欧洲数据保护委员会也成立工作组，推动相关工作的进行。同一天，西班牙国家数据保护局也宣布对ChatGPT展开调查。

不仅如此，多个公司也对员工进行了提醒：微软要求员工与AI聊天机器人对话时，不要输入敏感信息。亚马逊也对此做出了类似的警告。一名亚马逊的律师表示，ChatGPT可能会生成类似于公司机密材料的内容。

关于ChatGPT的争议，代表了AIGC目前面临的主要问题，而且随着人工智能更加“类人脑”，预训练的数据量暴增，此类争议可能会进一步增加。AIGC 的数据安全问题主要有以下几个维度：

- 预训练模型来源的合法性。
- 数据来源的合法性。
- 数据用途的合法性（用户是否知悉自己的信息被用作 AI 大模型训练，AI 是否能有效识别用户的个人信息并加以保护）。

在预训练阶段，AIGC 的相关应用必须提前告知用户基本责任，确定用户知悉并同意相关流程。在数据来源方面，AIGC 的数据来源主要包括：①采集物理世界中的信息并形成网络数据；②采集互联网数据；③数据交易。因此，未来对数据的规范需要从三方面入手。针对物理世界的信息采集，需要完善的法律流程，并确认当事人知悉并同意；针对采集互联网数据，如果是完全公开的信息，则不存在侵犯隐私的问题，如果是利用爬虫技术采集数据，则存在一定法律风险，应用方应当主动规避。在数据交易阶段，我国 2022 年年底发布了《关于构建数据基础制度更好发挥数据要素作用的意见》（简称“数据二十条”），对数据规范使用和隐私保护做了规定。2023 年 4 月 11 日，国家网信办发布了《生成式人工智能服务管理办法（征求意见稿）》，公开征求意见。见图 12.1。

AI管理核心问题
· 预训练模型来源的合法性
· 数据来源的合法性
· 数据用途的合法性
国外做法
· 2023年3月11日，三星三起员工信息泄露事件
· 2023年3月31日，意大利官宣禁止使用ChatGPT(4月已恢复)
· 欧美其他国家根据各国法律进行调查：法国、西班牙、加拿大
· 部分企业对员工提出警告，比如亚马逊
我国的政策
· 我国2022年年底发布了《关于构建数据基础制度更好发挥数据要素作用的意见》（简称“数据二十条”），对数据规范使用和隐私保护做了规定
· 2023年4月11日，国家网信办发布了《生成式人工智能服务管理办法（征求意见稿）》，公开征求意见

图12.1 全球AI合规问题小结

AIGC内容发布与监管

随着大模型训练的不断优化和加强，当AIGC拥有了更强大的数据处理能力时，在内容输出上则面临新的挑战——知识产权问题。知识产权是自然人、法人或其他组织对其智力创作成果依法享有的专有权利，一般分为两类：一类是工业产权，包括专利、商标、禁止不正当竞争、商业秘密、地理标志等；另一类是版权（即著作权），包括文学、艺术和科学作品，诸如小说、诗歌、戏剧、电影、音乐、歌曲、美术、摄影、雕塑、产品设计图、建筑外观、计算机软件等。因此，AIGC生成的内容和知识产权大部分标的内容均相关。

2023年，美国艺术家Kristina Kashtanova为自己的漫画作品

《黎明的曙光》（*Zarya of the Dawn*）申请版权注册并获得通过。但随后美国版权局知悉该作品有部分内容由AI生成（我们前文介绍过的Midjourney），因此对其版权注册提出了异议。美国版权局认为，版权保护的范围应当是人类的知识劳动成果，而AI生成的内容并非由她个人创作，因此应重新处理版权注册。但Kashtanova的律师提出：①该作品整体上由艺术家本人创作完成，Midjourney仅充当辅助工具；②至少本作品的部分内容仍符合注册要求。2023年2月21日，在经过多轮沟通后，美国版权局做出决定，重新注册漫画的版权。新的版权将缩小保护范围，不包括Midjourney生成的内容。[①]见图12.2。

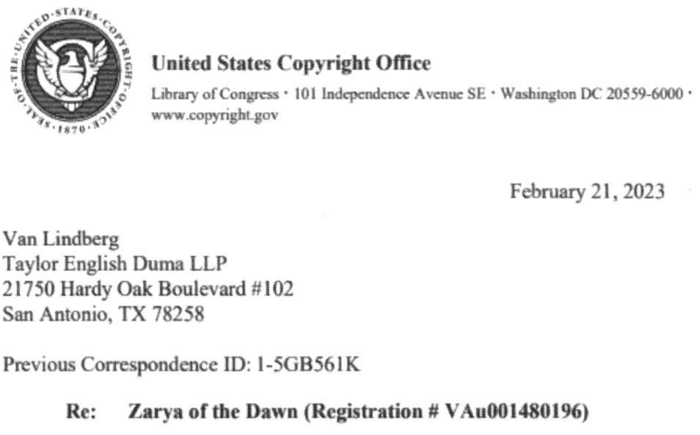

United States Copyright Office
Library of Congress · 101 Independence Avenue SE · Washington DC 20559-6000 · www.copyright.gov

February 21, 2023

Van Lindberg
Taylor English Duma LLP
21750 Hardy Oak Boulevard #102
San Antonio, TX 78258

Previous Correspondence ID: 1-5GB561K

Re: Zarya of the Dawn (Registration # VAu001480196)

图12.2　美国版权局对《黎明的曙光》的回复函

2023年3月16日，美国出台了《版权登记指南：包含人工

① https：//www.copyright.gov/docs/zarya-of-the-dawn.pdf。

智能生成材料的作品》（*Copyright Registration Guidance：Works Containing Material Generated by Artificial Intelligence*）[①]，对涉及AIGC的部分做了相关解释：

- 版权保护“作者”必须是人类作者。
- 涉及AI作为辅助技术工具的，必须判断作品是否出自人类作者，并且其中的核心要素由人类作者构思而成。
- 对于包括AI生成的要素的作品，要考虑该作品是AI“机械再生产”（mechanical reproduction）的产物，还是属于人类作者“自己的原始心理概念”（own original mental conception）。
- 作品是否会获得注册取决于具体情况，主要是考虑AI在其中的使用方式。如果作品均由AI生产，而缺少人类作者的部分，则不会通过注册。
- 使用AI创作的作品，可以申请版权注册，但作者有义务披露作品中包含AI生成的内容，并且说明人类创作的部分，为这部分申请版权。
- 针对（此文件发布之前）已提交的版权注册中，含AI生成的部分，应当补充注册，来保证作品的合法性。

在这个议题上，英国政府的处理方式则不同，对于涉及AI的

① https：//www.federalregister.gov/documents/2023/03/16/2023-05321/copyright-registration-guidance-works-containing-material-generated-by-artificial-intelligence。

作品，它将其分为三类：

- 无人类作者的计算机生成作品（Computer-Generated Works，CGWs）的版权保护。
- 文本和数据挖掘（Text and Data Mining，TDM）内容的版权许可。
- 人工智能发明专利。

但英国政府认为，人工智能技术目前尚处在早期阶段，没有证据证明保护CGWs的版权有害，因此当局不会修改专利法。但是会对法律进行不断审查，未来可能会修改、替换或取消此方面的保护。

美国和英国目前的做法，代表了两种AIGC版权管理思路：一种是分辨人类创作部分和AI创作部分，并依法保护人类版权，不保护AI生产内容的版权。另一种是关注但暂时不采取行动，未来根据实际情况来修改法律。两种做法实际上都有其现实意义和客观考量，但是我们由此也能看出AIGC版权监管上的难题：

- 如何区分人类和AI创作的内容？可量化的技术边界目前尚未产生，只能依靠作者本人申报，法律实践难度大。
- AIGC国际标准、行业标准尚未建立，各国、地区对AIGC的认知和行政管理也处于早期探索阶段。在未来的实践中，或许会有新的问题产生。

案例：愤怒的艺术家[①]

波兰艺术家Greg Rutkowski擅长用古典绘画风格创作奇幻风景，他曾经为索尼的《地平线西之绝境》，育碧的《纪元》《龙与地下城》《万智牌》等知名游戏提供插画作品。在AI绘画技术兴起后，他也成为AI作品的重要“素材库”，因为他成了Stable Diffusion（SD）常用Prompt（指令词）之一，而SD生成的作品与他个人画作风格有相似之处。见图12.3。

图12.3　新闻报道对艺术家及AI生成作品的对比

根据SD引擎追踪网站Lexica的数据，该作者的名字作为指令词已经超过9万次，历史上知名画家，比如米开朗基罗、

① https://www.technologyreview.com/2022/09/16/1059598/this-artist-is-dominating-ai-generated-art-and-hes-not-hAppy-about-it/。

巴勃罗·毕加索和达·芬奇等人，被提及次数在2000次上下。而在Midjourney上，Rutkowski也被作为指令词输入了数千次。

Rutkowski在AIGC界受欢迎的原因很简单，因为他的作品很容易在网上找到。实际上SD的母公司Stability. AI通过数据集LAION-5B来训练模型，这个数据集在各种第三方网站上收集图像，并过滤掉不符合要求的部分（比如自带水印或徽标等），形成模型训练的素材库。由于Rutkowski本人的画作风格鲜明，加之他自己会在画作上加上描述词或标签，因此他的作品很容易被抓取被纳入素材范围。

这个现象也引发了其他艺术家的担忧，不少人的作品未得到本人允许，就被用于AI绘图的模型训练。德国两名艺术家Holly Herndon 和 Mat Dryhurst推出了一个叫“我被用来训练了吗？”（Have I been trained）的网站，用以帮助艺术家们搜索自己的作品是否被用于SD和Midjourney的模型训练。只需输入关键词、标签或将自己的作品上传，即可知晓自己作品是否被当成素材。

针对AI版权的问题，业界其他相关方也做出了反应。比如在线艺术网站Newgrounds在用户服务条款中明确指出，不允许使用AI生成绘图作品，只允许特定情况下使用AI，比如生成图片背景等，而且涉及AI的任何要素都需要明确地指出来，做好信息披露工作。

内容合法性

现在和未来长期内AIGC还面临一个问题：内容的合法性和合理性。因为AIGC是基于人类的模型“训练”出来的，人们将它培养成什么样，它就会成为什么样。或许在强人工智能真正到来的时候，AI会产生价值观或自我判断力，但就短期内而言，AI不具备法律意识、价值观、同理心和情感。因此，AIGC产生的内容会也面临一些法律、社会、伦理和人性情感方面的问题。

早在2016年，微软就曾在推特上发布过一款名为“Tay”的聊天机器人，原意是让推特用户和她不断对话，让她越来越聪明。然而不久之后，她就发布了各种有害言论，引起了极大的争议，导致其上线16小时之后就匆匆下线。

而在绘图方面，目前有人通过AIGC图像生成一些虚假新闻图片。比如Reddit用户u/Arctic_Chilean发布了2001年卡斯卡迪亚地震（Great Cascadia Earthquake）的图片，展示了地震后的艰难景象，然而这些图片全部都是用AI生成的。见图12.4。

虚构的图片引发了网友热议，虽然虚假的自然灾害事件暂时没有涉及法律问题，但是很多人担心未来我们会被更多虚假的信息包围。AIGC更“恐怖”的地方在于，当用于制作虚假信息时，它可以形成图片、文字、音视频等多种素材，让人们更加难以辨别真假。而虚假信息不仅可以用在恶搞和传播假新闻，还可以用在商业和社会治理层面，如果无法有效地控制好这类风险，未来可能会造成更加严重的后果。

图 12.4　AI 虚构的 2001 年卡斯卡迪亚地震

资料来源：https：//www.forbes.com/sites/mattnovak/2023/03/27/ai-creates-photo-evidence-of-2001-earthquake-that-never-hAppened/? sh=4c4927383985。

但也有一些网友认为，虚假信息的问题和目前的假新闻问题并没有本质区别，AIGC 只是一种更加快捷的工具和手段，本质问题仍然在于新闻伦理和监管问题。实际上，不少专业人士也注意到 AIGC 的监管问题。

2023 年 3 月 29 日，未来生命研究所（Future of Life Institute）发

表了一篇名为《暂停巨型AI实验》（*Pause Giant AI Experiments*：*An open letter*）的文章，文中对AI伦理及安全问题进行了思考。他们呼吁现在所有的AI实验室都应当停止6个月的训练，而且人们应当在确认AI是积极的且风险可控时，再进行开发和模型训练。AI研发机构和监管机构、决策者们应当合作，积极开展AI治理系统的开发。

在这封公开信中，未来生命研究所提到了几个AI内容监管的方向，可以为我们的AI监管提供一定参考：

- 专门从事AI监管的机构。
- 对高性能人工智能系统和大量计算能力进行全面跟进。
- 设定水印系统，帮助AI真实性审核，注重检测模型的泄露情况。
- 建立完善的审计和认证生态系统。
- 对人工智能造成的伤害的责任进行划分和设定。
- 支持设立技术人工智能安全研究。

我国在监管方面，2023年4月11日，中国国家互联网信息办公室发布了《生成式人工智能服务管理办法（征求意见稿）》，公开征求意见，提出了20条规定，涵盖了内容的规范性（包括公序良俗、社会平等等）、数据来源及用户信息的安全性、用户服务和防沉迷、不合规信息处理等方面的措施。在AIGC快速发展的当下，我国应对需求快速做出了反应，制定了政策框架，为AIGC的规范管理奠定了基础。当然，随着更多应用场景和实际问题的出现，我们需要更加完善和细致的监管政策，甚至是法律体系。

法律、道德与社会问题

2023年，关于AIGC还有一条令人唏嘘的消息——3月28日，据外媒报道，一名比利时男子在与AI对话6周后自杀身亡。这款名为Eliza的机器人是Chai Research 以GPT-J模型为基础开发的聊天机器人，GPT-J是OpenAI的GPT模型的开源替代品。据悉，该男子和Eliza交流后，深深认为她是自己的红颜知己，但由于Eliza并不是专业心理治疗AI，也不具备人类的共情能力，所以她所提供的服务与这名男子本身的抑郁情绪存在隔阂。这件事也引发了广泛的关注，很多人也担心AIGC产出的内容，虽然不存在事实上的虚构，但由于AI本身不具备伦理的概念，也无法知悉道德、法律等人类社会的规则，因此产出的内容具有一定的引导性。[①]

1964年，人工智能诞生初期，科学家Joseph Weizenbaum推出的一款聊天机器人也叫Eliza，它利用人类输入问题的关键词来组

① https：//www.vice.com/en/article/pkadgm/man-dies-by-suicide-after-talking-with-ai-chatbot-widow-says。

合回答，用来模仿用户的语气。Joseph Weizenbaum将这个机制命名为“Eliza效应”，他说人工智能对人类的回应，并不是出于理解，本质上还是0和1的执行结果。以计算的方式与人类的互动，最终带来的只是机械式的理解。

比利时男子的悲剧，从另外一个层面证明了“Eliza 效应”，人类的心理和情感状态过于复杂，并不是纯粹的技术能够解决的问题，还需要政策、社会治理等多方面的配合。虽然我们现在还没有到强人工智能时代，但问题已经初现端倪。

韩国电影《人类灭亡报告书》中，一个在寺庙工作的机器人领悟了佛性，机器人公司对此颇有微词，便请男主阿修来确认。身为工程师的阿修检查了机器人的机械情况，但无法确认他是否成佛。机器人公司认为兹事体大，希望销毁机器人。关键时刻阿修挡在机器人面前，希望阻止他们。而机器人却意味深长地告知人类，人类世界中充满欲望与执念、善行与恶行，而他身为机器人无欲无求，因此得道。说完之后自行了断，众人愕然。而故事的末尾，阿修回去修理一只机器狗，他用刀划破自己的皮肤，取出里面的芯片，颇有割肉喂鹰的壮烈之感。

我们创造出机器人，赋予它们一些能力，却又因此产生了恐惧。这不仅关乎技术，也关乎人性，是人类星辰大海旅途中的一次考验。相较于法律和监管问题，AIGC在道德、法律和伦理问题上显得更加暧昧不清，因为正如比利时男子的悲剧，目前很难有量化指标或证据指向AIGC，确定它就是导火索。而且正是由于目前的技术成熟度不足，人工智能目前仍然是工具而不是真正的智能体，因此最重要的事情是要明确人类应该如何正确使用AI。

2023年，德国萨尔大学、亥姆霍兹信息安全中心（CISPA）的科学家们发现，黑客可以通过Bing与ChatGPT的结合来行骗。当ChatGPT接入检索功能以后，黑客们可以通过自然提示来远程操控大模型，从而影响输出结果。只要他们输入误导性的提示词，那么输出的结果可能用于诈骗等非法场合。比如黑客可以索取用户个人信息、电子邮件、银行卡信息等，并通过聊天的方式引导用户下单。这一过程完成后，被黑客操控的第三方网站将不再能打开。

如果该研究所说的问题确实存在，那么在未来AIGC将面临社会治理层的一系列调整，主要是围绕AIGC具体应用场景产生的新的扰乱社会秩序的行为。

AIGC与社会治理

英国社会学家大卫·科林格里奇曾经指出，对于一项技术，如果担心其发展带来问题，而过早进行监管或约束，可能会影响技术的发展。但如果等到技术非常成熟，已经渗透到各行各业了，这时候再来监管又太晚了。这种悖论被称为“科林格里奇困境”（Collingridge’s Dilemma）。

其实我们在互联网发展的各个时期，就经历过类似的事情。世界上最早的电脑病毒诞生于1986年，彼时个人电脑才刚刚开始商业化。Basit和Anjad Farooq Alvi兄弟俩制作了一款防止电脑盗版拷贝的程序。当时由于法律不健全，盗版现象蔚然成风，兄弟俩希望用软件阻止更多人使用盗版——当有人安装非正版的软件时，该程序将会吞并对方的空间。虽然该病毒不具备真正的“杀伤力”，但这也是技术带来的治理问题的真实写照。直到2003年，美国才正式出台了第一部关于网络安全的法律《联邦信息安全管理法》(FISMA)。

随着互联网技术的发展，更多问题不断涌现：真假难辨的消息让人迷失、个人隐私和数据在网上传播、网络谣言和暴力的蔓延影响到了线下的真实生活。而我们也在不断解决问题：制定新政策、开发新技术……

我们对AIGC的伦理问题，应当从不同角度看待：一方面，就像互联网发展之路上的问题，不断解决、不断进步，我们怀抱科技乐观主义心态；但另一方面，我们也应当保持足够的冷静和警惕，因为人工智能与互联网完全不同。互联网是将人类连起来的一张网，本质上仍然是工具。而人工智能是仿照人类再造一个智能体，它不具备生物学特征，却具备思考能力，而且它的能力在不断进化，谁也无法预知其能力边界。当强人工智能时代到来时，人工智能很可能将脱离工具属性，变成独立的个体。因此，我们不能将互联网的监管经验简单地挪到人工智能领域，而是应该针对AIGC进行更加具体和系统性的思考。

社会影响与责任

职业替代问题

职业替代问题是每一个革命性技术大规模落地之际都会面临的问题，因为新技术带来了工作方式的变化，过去的一些职业不再适应新的市场需求。比如说，过去公交车上配有售票员，后来自动投币设备能够替代售票员，因此就不再需要专人管理公交车票务。过去专门有手艺人为人们修理钢笔，因为在物质条件不丰富的时代，人们不会经常更换钢笔，只能去修。而现在不仅物质丰富了，人们可选择更多品类的笔，而且电子办公的到来，让书写需求降低，于是我们现在很难看到修理钢笔的匠人。

职业替代是时代的必然选择。AIGC时代的职业替代问题，或许比我们想象的还要快。2023年4月，中国知名公关公司蓝色光标宣布无限期终止创意设计、方案撰写、文案撰写、短期雇员4类相关外包的支出，而采用AIGC进行内容输出。在相关文件中，蓝色光标对这四类岗位进行了解释：

- 创意设计：平面设计（海报、图片等）、3D建模、插画、动画、PPT等。蓝色光标的案例中暂时不包括拍摄和制作类。
- 方案撰写：竞标方案、执行方案、活动策划等。
- 文案撰写：稿件撰写、创意文案撰写、创意脚本、活动相关文案撰写、报告整理、资料收集等。

- 短期雇员：不含实习生，主要是指计时付薪的个人外包。

该公司于2023年2月宣布，旗下蓝色宇宙将全面接入百度“文心一言”，开启AIGC营销的应用场景，后续蓝色光标也将接入；4月，宣布与微软广告达成战略合作，后续GPT-4部署完成后，蓝色光标将实现同步使用。蓝色光标拥抱AI的策略，引起了不少求职者的担忧，主要担心会有更多公司效仿，裁撤相关岗位的员工。除蓝色光标外，一些美术类、动画类公司也在裁撤原画师或者降低招聘数量。

对于AIGC的职业取代问题，目前主流认为会遭受一定冲击的行业包括：

- 媒体类（广告、内容创作、技术写作、新闻等）。
- 部分创意写作（小说、剧本等）。
- 部分真人出镜（短视频直播、替身演员等）。
- 法律行业的工作（律师助理、法律助理）。
- 市场研究分析员、金融分析师。
- 教师的部分工作。
- 平面设计师、部分原画师、插图师等。
- 客户服务人员。
- 翻译。

这些行业的共性特点是：①以结构化写作、绘图为主，AIGC技术相对成熟、成本较低且有落地实践；②工作内容虽然以脑力劳动为主，但是具有一定模式化、机械化和可重复性的特点，创造性部分相对较少；③对于这些行业尚未被替代的部分，未来人机协同的工作模式也将是大趋势，即由AIGC负责创意生成和内容生产，而人工负责细节调整、内容把控；等等。

当然，我们不能就此妄下定论，这些职业一定会被AIGC取代，因为就像我们刚才讨论过的，AIGC技术上虽然能实现替代，但是有时候会涉及一些法律问题，所以这个过程将会比较复杂，还需要一定的时间。我们需要站在企业的视角来思考，比如，AIGC取代人工画师，会面临版权的问题，而目前的法律政策还没有相关规定，假如企业盲目地全面铺开AIGC，也许会遇上政策的调整。在图文、音视频领域，目前也暂时没有针对AIGC产出内容的行业标准和评估办法。因此，蓝色光标这样的做法更具备参考性，即精简外包资源，用内部人员使用AIGC来替代部分工作，实现降本增效。

对于个人来说，AIGC的浪潮的确带来了较大的挑战，因此应当做好职业规划，调整职业细节。比如，对于美术岗位，由于“AIGC+人工调整”的模式已经相对成熟了，那么偏向执行的从业者，应该思考如何提升AIGC操作能力、了解Prompt的写法、提高自己的审美能力和沟通能力，将精力放在AI无法替代的部分。

另外，一个比较有代表性的例子是网络直播。现在AIGC生成的数字人主播技术已经比较成熟了，数字人的外表、神态、面部表情也可以实现相对自然的呈现，因此未来数字人替代真人主播是必然趋势。对于目前的主播从业人员来说，有两种转型路径：一种是关注数字人主播无法完成的部分，比如说现在的数字人只能穿着设计好的衣服，无法完美地实现现场换衣服、鞋子等，所以主播们可以深耕这些品类，在产品展示上下功夫，形成自身的竞争优势。另一种转型方式就是转型幕后。数字人的动作常常需要对真人的动作进行捕捉，主播们可以考虑向数字人的真人模特方向发展。

不仅仅是美术或真人出镜类的行业，AIGC未来也可能对更多行业造成更加深远和全面的影响：一是以后的求职者从思维模式、工作方式和工作经验积累等各个方面，都会发生根本性的转变。现在我们强调工作经验、工作产出和实际效果，以后可能在求职中更加看重AIGC的使用能力、Prompt的撰写和调整能力、自然创意的搜集整理能力等。二是未来用人单位将更加看重综合性能力，现在的专一能力对应单一岗位的人才筛选方式将从根本上改变。以后大量的工作将由AIGC替代，人类的工作将变得更加集成化，也即以后的一个人可能要干现在两三个人干的工作，并不需要花费更多时间，但需要掌握更多的跨学科知识。

AIGC与一切未知数

AIGC的创作力目前已经被越来越多的人认可，但也有很多人认为人类真正的精神价值不可能被机器替代。这就好像现在一些钢琴能够自动弹奏，还能连上手机或iPad，但这个功能只能帮助钢琴爱好者提高技术，而无法替代真正的钢琴家。

目前关于AIGC的艺术能力，还存在很多争议，争议首先就来自艺术是否能被人工智能真正替代的问题，我们需要自动钢琴还是仍然需要钢琴家。这是由于目前AGI没有真正实现，人们无法判断AIGC的主观创作意识和艺术水平。目前不论是绘画、音乐、文本、视频，AI的作品均需要以人类作品作为素材而生成，并非凭空创作。其次，内容的法律和道德问题，目前还没有明确的标准。因此，AI是否能成为艺术家，甚至担当艺术作品的辅助工具，仍然没有定论。

但是，我们并不能说未来的AI就无法成为艺术家。这就好比，GPT-3参加标准化考试还无法取得好成绩，但GPT-4就已经能够名列前茅了。AI的进步是神速的，它的真正强大之处就在于不可预知性。

技术层面的不可预知性，有一个很有趣的现象。2013年，曾有一名企业家在阿根廷首都布宜诺斯艾利斯做了一项市场调研，他发现该市的洗车工人在过去10年中收入降低50%。而当时阿根廷中产阶级膨胀、汽车销量上涨，按照常理来说，洗车业务应该是上升的。他们调查了一番后发现，市场上既没有过多的洗车工数量形成无效竞争，也没有相关政策限制此项业务。后来，他们得出结论：由于大数据技术的提升，天气预报的准确率提升了一半以上，大部分人知道何时下雨，因此就不再特地去洗车。

其实，这是一种有趣的现象。技术的发展影响的不仅仅是产业链上下游或者相关行业，有时候也会影响到“毫无关系”的领域。比如，国内快速发展的移动支付，让广大消费者习惯在超市购物时用手机支付，而不再是现金。手机扫码快速支付，降低了排队时间，以往依靠消费者等待时“顺便”销售的口香糖就不再容易卖出去了。当然，口香糖销量下降是多方面因素造成的（比如人们更加关注牙齿健康等）。但毫无疑问，新技术的普及带来的影响是颠覆式的，会覆盖到很多看起来毫无关联的角落。

未来AIGC的发展，就像是影响洗车行业的天气预报、影响口香糖销售的移动支付一样，一切未知就是已知，唯一不变的就是变化。因此，我们能做的就是拭目以待，做好当下的工作，期盼未来。

—后 记—

人类对生命的思考，一直贯穿在整个历史发展过程中。我们经历了艰难的自然求生，走过了兵荒马乱的岁月，来到了今日车水马龙、繁花似锦的彼岸。我们不再被大自然束缚，但我们却被自己束缚在钢筋水泥中，于是开始思考，生存的意义何在？生存的形式何在？

人工智能，是个技术问题，但也是个哲学问题。它来自计算机、互联网的发展，却也根植于500多年前的那次航行。因为地理大发现打开了人们的好奇心和探索世界的欲望，正是这些欲望，让人们在漫漫历史长河中不断思索和研究，让自然科学不断发展，各类技术不断涌现。我们在对外探索的时候，其实也是在对自己内心世界探索，我们是谁，从何而来又向何而去？我们的智慧如何落地，我们的头脑能否被机器人取代？

科技是理性的，但科技也是浪漫的。科技带领我们上天入地，仰望星空，带领我们在0和1的计算机世界中畅游，也带领我们走入了赛博朋克的新奇世界。我们尊重怀抱理想主义的创业者，因为他们就是理性与感性的融合体、科技与浪漫的践行者；我们期待新的技术和商业模式，二者的融合碰撞出新的火花，让更多人从中受益。

AIGC本身是一个中性事物，就像ChatGPT自己在回答一些问题时所说的，“只是一个人工智能，没有价值观和情感”。AIGC本身不需要价值判断，而是需要通过技术落地的手段和商业应用的场景来发掘其价值。对于投资者和创业者而言，这个价值的衡量维度并不相同，也没有一个统一的答案，但本书希望给您提供一些思考的线索和逻辑，帮助您获得一些启发和思考。

AI现在的进步是神速的，我们甚至无法预知下个星期大模型的训练成果，但我们可以了解它的发展脉络和逻辑，在理性分析的基础之上做出判断和预测，从而解决目前可能需要面对的决策问题。